John Milton, Immanuel Schmidt

Milton's Comus

Uebersetzt und mit einer erläuternden Abhandlung begleitet

John Milton, Immanuel Schmidt

Milton's Comus
Uebersetzt und mit einer erläuternden Abhandlung begleitet

ISBN/EAN: 9783743698321

Hergestellt in Europa, USA, Kanada, Australien, Japan

Cover: Foto ©Thomas Meinert / pixelio.de

Weitere Bücher finden Sie auf **www.hansebooks.com**

Milton's Comus.

Uebersetzt

und mit einer erläuternden Abhandlung begleitet

von

Dr. Immanuel Schmidt.

Berlin, 1860.
Haude- und Spener'sche Buchhandlung.
(F. Weidling.)
Pernburger Straße Nr. 30.

Das Uebersetzungsrecht in fremde Sprachen wird vorbehalten.

Comus,

ein Maskenspiel, das auf dem Schlosse Ludlow im Jahre 1634 vor dem Grafen von Bridgewater, dem damaligen Statthalter von Wales, aufgeführt worden ist.

Personen:

Der Schutzgeist, später in der Kleidung des Thyrsis.
Comus mit seinem Schwarme.
Die Dame, ... Lady Alice Egerton.
Erster Bruder, . . . Lord Brackley.
Zweiter Bruder, . . . Thomas Egerton, dessen Bruder.
Die Nymphe Sabrina.

(Die erste Scene zeigt einen wilden Wald.)

Der Schutzgeist
(steigt herab oder tritt herein).

Vor der gestirnten Schwell' an Jovis Hof
Ist meine Wohnung, wo das ew'ge Heer
Der Geister, luft'ger Lichtgestalten, thront,
Vom ruhig heitern Aetherkreis umgrenzt,
Hoch über dem Qualm und Lärm des trü-
benPunkts,
Den Menschen Erde heißen; niedern Sinns
Müh'n sie sich, dieser Hürde eingepferrcht,
Ein fieberhaftes Dasein schwach zu fristen,
Der Kron' uneingedenk, die einst die Tugend
10 Nach diesem Erdengang den Treuen reicht
In thronender Götter Schaar auf heil'gem
Sitz.
Doch Einige streben ihrer Pflicht getreu
Die Hand nach jenem goldnen Schlüssel aus,
Der den Palast der Ewigkeit erschließt.
Für sie ward ich gesandt; wär's nicht für sie,
Besteckt' ich nicht ambrosische Gewande
Mit eklem Dunst der sündig matten Welt.
Doch an mein Werk. Neptun erhielt zum
Reich
Jedweder Salzflut, jedes ebbenden Stroms
20 Durch Loosen mit dem hoh'n und untern Zeus
Der meerumgürteten Inseln Königthum,
Die gleich Kleinoden reich und buntgefärbt
Der tiefen See sonst schlichten Busen
schmücken.
Die Schaar der Götter, die Tribut ihm zollt,

Wird wechselsweis mit Herrschaft drin bestallt,
Darf tragen der saphirnen Krone Rund
Und kleinen Dreizack schwingen. Doch dies
Reich,
Das schönste Inselland der ganzen See,
Fiel mehrern der blauhaar'gen Götter zu.
30 Der Strich der Abendsonne zugekehrt
Steht unter Obhut eines edeln Herrn
Von hoher Macht, deß milde Strenge lenkt
Ein trotzig altes Volk, in Waffen stolz.
Dorthin zieh'n jetzt, in Fürstenlehr' erzogen,
Die holden Sprossen an des Vaters Hof —
Jüngst ward das Scepter ihm verlieh'n. Ihr
Weg
Führt sie verworr'ne Pfad' im öden Wald,
Der mit den Schattenwipfeln grau'nvoll nicht
Und einsam dem verirrten Wand'rer droht.
40 Hier lief ihr zartes Alter leicht Gefahr,
Wär' ich nicht auf Befehl vom Obherrn Zeus
Zu ihrer Hut und Wacht schnell hergesandt.
Vernehmt weshalb; denn künden will ich
jetzt,
Was nie vernommen ward in Mähr und Lied
Der alt' und neuen Barden in Paläften.
Bacchus, der erste, der aus Purpurtrauben
Mißbrauchten Weines süßes Gift gepreßt,
Nachdem die Tusker Schiffsmannschaft ver-
wandelt,
Fuhr längs Tyrrheniens Küste mit dem
Wind,
50 Der ihn zur Circe trieb — wer kennt nicht
Circe,

Des Sonnengottes Tochter, deren Trank
Den Kostenden des graben Gangs beraubt
Und an die Erde bannt, ein wühlend
 Schwein!
Die Nymphe, staunend seinem Lockenhaar
Im Epheukranz und seiner Jugendlust,
Empfing vor seinem Scheiden einen Sohn
Dem Vater ähnelnd, doch der Mutter mehr,
Den sie daher erzog und Comus hieß.
Der schwärmte des gereisten Alters froh
60 Durch celtisch und iberisches Gefild;
Zuletzt gelangt er hier zum Schreckenswald,
Und unter schwarzer Schatten dichtem Schutz
Thut er's der Mutter selbst an Macht zuvor.
Er bietet jedem müden Wanderer
Den Perlen-Trank im Becher von Krystall,
Um Phöbus' Glut zu lindern. Wer ihn
 trinkt —
Die meisten trinken auch vor gier'gem
 Durst —
Deß Menschenantlitz, der Götter treues Bild,
Verändert sich, sobald der Mischtrank wirkt,
70 Zum Bärenkopf, zu Wolfes Thiergestalt,
Wird Tiger, Eber oder bärt'ger Bock,
Doch sonst verbleibt sein Körper wie er war.
Und sie — so völlig elend ist ihr Loos —
Bemerken nimmer, wie sie schnöd' entstellt;
Sie prahlen noch, als wären sie verschönt,
Vergessen Freund' und heimathliches Haus
Und wälzen freudig sich im Wollust-Koben.
Drum wenn ein Mensch geliebt vom hohen
 Zeus
Durch diese Lichtung voll Gefährden zieht,
80 Schieß ich, schnell wie ein Stern im Fallen
 blitzt,
Vom Himmel ihm zu sicherstem Geleit;
Und so auch jetzt. Doch leg' ich ab zuvor
Dies Luftgewand gewebt aus Iris' Garn,
Nehm' eines Hirten Kleider und Gestalt,
Der zu des Hauses Dienerschaft gehört
Und mit der Flöt' und sanftem Liedersang
Den wilden Wind zu stillen weiß und bringt
Der Wipfel Weh'n zur Ruh'; auch ist er
 treu
Und kraft des Amtes als des Berges Hut
90 Am passendsten im gegenwärt'gen Fall
Zu nahem Beistand. Doch ich höre schon
Verhaßten Tritt, drum werd' ich unsichtbar.

(Comus tritt herein mit einer Jägertruppe in der einen Hand und braune Stäbe in der andern; um ihn eine Rotte von Ungeheuern mit Köpfen von verschiedener Art wilder Thiere, Last aber sonst Männern und Frauen und in gestickten Prunkgewänder; sie tanzen, Fackeln in den Händen, unter wildem und tobendem Larm heran.)

Comus.
Der Stern, der Hürden schließen heißt,
Jetzt schon hoch am Himmel kreißt;
Tages goldner Wagen spült,
Daß er die glüh'nde Achse kühlt,
Tief sich in atlantischer Flut;
Die Sonne schießt die letzte Glut
Noch dem dunkeln Pole zu,
100 Wie sie sinkt und eilt zur Ruh'
Nach dem östlichen Gemach.
Nun wird Scherz und Freude wach,
Nächt'ger Jubel, Lustbarkeit,
Trunk'ner Tanz und Heiterkeit.
Kränzt den Locken Rosen ein
Spendend Düfte, spendend Wein.
Starrheit ging zur Ruhe hin,
Weiser Rath voll Sorg' im Sinn,
Das Alter mit dem ernsten Wort
110 Und herbe Strenge sind nun fort.
Wer sein Feuer nicht verlor,
Ahmet nach dem Sternenchor,
Der wachsam führt in nächt'gem Gleis
Der Mond' und Jahre schnellen Kreis.
Der Sund, die See, was drin mit Floßen
 wohnt,
Hebt sich in schwankem Tanze mit dem
 Mond.
Es hüpfen über'n Usersand
Muthwill'ge Feen und Elfen keck, gewandt.
Am Bach, d'rauf manch ein Grübchen
 glänzt,
120 Begeh'n Waldnymphen bunt bekränzt
Kurzweil'ge Feier nächt'ger Wacht —
Kümmert sich um Schlaf die Nacht!
Nacht kennt besseren Genuß,
Venus wacht jetzt, weckt Liebeskuß.
Auf! den Festesbrauch beginnt —
's ist Tageslicht, das Sünd' ersinnt,
Doch Schatten birgt, was ihm bewußt.
Cotytto, Göttin nächt'ger Lust,
Heil, räthselhaftes Weib in schwarzem
 Schleier!
130 Dir glüht die Fackel zu geheimer Feier,
Dich ruft man nur, sobald der Drachen-
 schooß
Des styg'schen Dunkels dichtes Grau'n
 ergoß,
Daß alle Luft in Nacht zerrann;
Halte den schwarzen Wagen an,
Worin du fährst mit Hecate, sei hold
Uns deinen Priestern, bis gezollt
Dir schuld'ger Dienst sei; es' in Indien noch

Strenger Morgen vom Felsen hoch,
Des Ostens Späher, wenn es graut,
125 Aus bedachtem Gucklochschaut,
Und der geschwätz'gen Sonn' entdeckt
Unsre Feier, wohl versteckt.
Schlingt die Händ' und stampft den Grund
In phantastischem Ringelrund. (Tanz.)
Brecht ab, brecht ab! Mir ahnt am
leisen Schritt,
Ein keusches Wesen ist dem Orte nah.
Lauft zum Versted in Bäumen und Gebüsch;
Leicht schreckte uns're Zahl. — Wohl eine
Jungfrau —
Denn dies sagt meine Kunst mir — ward
im Wald
130 Vom Dunkel überrascht. — Zum Zauber
jetzt,
Zu list'gem Truge! Bald bin ich verseh'n
Mit seiner kleinern Herde, als geweidet
Um meine Mutter Circe. So werf' ich
Den Zauber blendend in die lock're Luft,
Der's Auge täuscht mit trügerischem Blend-
werk
Und falsche Bilder vorführt, daß der Ort
Und meine schmucke Kleidung jener nicht
Verdacht erreg' und treibe sie zur Flucht.
Dies darf nicht sein, 's ist gegen all mein
Thun.
140 Ich gebe freundliche Gesinnung vor,
Durch wohlgesetzte glatte Schmeichelei,
Nicht unglaubwürd'ger Gründe Köderwort
Schmieg' ich mich leicht gutherz'gen Men-
schen ein
Und lose sie in's Garn. Traf erst ihr Blick
Des zauberischen Staubs geheime Kraft,
Erschein' ich ihr als Landmann ohne Harm,
Der wirthschaftlich nach Feldgeräthen sieht.
Hier kommt sie schon. Ich trete fein zurück
Und lausch' ihr ab, wonach ihr Auge späht.

(Die Dame tritt auf.)

Dame.

170 Dort kam der Lärm her, wenn mein Ohr
nicht trügt,
Mein besser Führer jetzt. Mir schien's
wie Braus
Des Schwelgens und der schlecht bestellten
Lust,
Wie sie die frohe Flöt' und munt're Pfeife
In lüstern ungekehrtem Volk erregt,
Wenn's für die trächt'gen Schaf und vollen
Speicher,

Die Güte Pan's in üpp'gem Tanze preist,
Verkehrt den Göttern dankt. Mir wär's
ein Leid,
Stieß' ich auf Rohheit und auf frechen
Rausch
Der nächt'gen Schwärmer; aber ach! wo
sonst
180 Erkundigt sich mein unerfahr'ner Fuß
Im blindverschlung'nen Waldes-Irrgewind?
Als meine Brüder mich vom langen Weg
Ermüdet sah'n, entschlossen hier zu ruh'n
Unter den Fichten breitverzweigtem Schutz,
Da gingen sie, so hieß es, in's Gebüsch
Und suchten Beeren oder kühle Frucht,
Wie sie die gut'ge Waldung gastfrei beut.
Ich blieb allein, als grauverkappt der
Abend,
Ernsthaft dem Waller gleich im Pilgerkleid,
190 Vom letzten Rad an Phöbus' Wagen stieg.
Doch wo sie sind und was zurück sie hält,
Ist nunmehr meines Denkens Müh'n.
Wahrscheinlich wohl
Trug sie ihr Schritt im Wandern allzuweit,
Und neidisch Dunkel hat sie mir geraubt,
Eh' Rückkehr möglich. Sonst, o dieb'sche
Nacht,
Warum nur, säh'st du's nicht auf Frevel ab,
Verschlössest du in deine Blendlaterne
Gestirne, die Natur an den Himmel hing,
In deren Lampen ew'ges Oel sie goß,
200 Dem irren Wand'rer nöth'ges Licht zu
spenden?
Dies ist der Ort, so gut ich's treffen kann,
Der eben noch von lautem Jubellärm
Erfüllt war, unverkennbar meinem Ohr.
Doch bloß ein einzig Dunkel sind' ich nun.
Was kann dies sein? Es stürmen tau-
sendfach
Hirnbilder schon in mein Gedächtniß ein,
Gestalten rufen, Schatten winken grau's,
Und lust'ge Zungen flüstern Namen zu,
Wie sonst am Strand und in verlaff'ner
Wildniß.
211 Ein tugendhaft Gemüth erschauert drob,
Doch zagt es nicht, denn ihm zur Seite steht
Als ein getreuer Kämpe das Gewissen.
Willkommen, Glaube mit dem reinen Blick,
Weißarmige Hoffnung — Engel gold-
beschwingt,
Du unbeflecktes Wesen keuschen Sinns!
Mein Aug' erblickt dich, und ich glaube jetzt,
Daß Er, der höchste Gott, dem Bösen selbst

Nur dient als sklavisch Werkzeug seiner
      Rache,
Wenn's Noth thut, einen lichten Engel schickt
220 Zu meines Lebens, meiner Ehre Schirm.
Irrt' ich mich? Oder zeigt ein schwarz
      Gewöll
Des Mantels innern Silbersaum der Nacht!
Ich irre nicht, dort zeigt ein schwarz Gewöll
Des Mantels innern Silbersaum der Nacht,
Ein Abglanz trifft die Wipfel dieses Hains.
Zwar steht mir lauter Ruf nicht zu Gebot,
Doch einen Schall, den man recht weithin
      hört,
Versuch' ich, denn mein neubelebter Geist
Treibt mich, vielleicht sind sie nicht allzuweit.

(Gesang.)

230 O holde Echo, unsichtbar am Fels
In luftigem Gemach,
Wo durch ein Thal voll Blütenschmelz
Ein lieblich Bächlein lässig schlängelnd fließt,
Wo die Nachtigall ergießt
Lieder des Leids, bei Nacht in Liebe wach;
Kannst du von einem holden Paar vielleicht
Mir künden, das Narcissus gleicht?
O hieltest du
Geborgen sie in süßer Ruh,
240 Sag', wo sie sind,
Der Rede Königin, du Sphärenkind;
Dann bet' ich, daß du hoch am Sternenzelt
Im Nachhall feiern mög'st die Harmonie
      der Welt.

(Comus tritt auf.)

Comus.
Wie mag der Mischung matten Erdentons
Entströmen solch ein göttlich Zauberlied!
Ein heil'ges Etwas thront in dieser Brust
Und stimmt mit Himmelsklang melod'sche
      Lust
Zu zeugen von der Stätte, die es birgt.
Wie lieblich trug des Schweigens Schwing'
      ihn fort
250 Durch's leere Nachtgewölb'; es glättete
Ein jeder Ton der Nacht am Flaum-
      gefieder;
Sie lächelte zuletzt. Oft hört' ich schon
Die Mutter Circe mit den drei Sirenen,
Umgeben von Najaden im Blütenkleid,
Wenn Gifte sie und Todeskräuter lasen;
Ihr Singen nahm die Seel' in Haft,
      entrückt

In ein Elysium, Scylla weinte selbst
Und hieß der Wogen Bellen schweigend
      lauschen,
Sanft murmelte Charybdis Beifall zu.
260 Doch schläfern sie den Geist in wonn'gen
      Schlummer,
Entfremden ihn sich selbst durch süßen
      Wahn;
Solch heil'ge Regung tief im frohen Herzen,
Solch eine Seligkeit bei klarem Wachen
Empfand ich nie bis jetzt. Ich grüße sie,
Sie soll mir Königin sein. — Heil fremdes
      Wunder,
Dich zeugte nimmermehr der düst're Wald,
Wenn du nicht hier auf ländlichem Altar
Mit Pan als Göttin thronst, durch sel'ges
      Lied
Verhindernd, daß ein kalter Nebel rauh
270 Den üpp'gen Wuchs im hohen Wald be-
      rührt.

Dame.
Ach, sanfter Schäfer, übel angebracht
Ist Lob, wenn's trifft ein unaufmerksam
      Ohr.
Nicht Prahlerei der Kunst, nein höchste Noth,
Da ich getrennt die Brüder nicht mehr fand,
Zwang mich, die holde Echo zu erwecken,
Ob sie mir spräche von dem moos'gen Bett.

Comus.
Welch Ungefähr, o Dam', entriß sie euch!

Dame.
Dies Dunkel und des Laubes Labyrinth.

Comus.
Konnt' es euch trennen von den nahen
      Führern?

Dame.
280 Man ließ mich müd' auf einer Rasenbank.

Comus.
Aus Falschheit, Rücksichtslosigkeit, weshalb?

Dame.
Sie suchten im Thale freundlich kühlen
      Quell.

Comus.
Und unbewacht blieb, Dame, eure Seite?

Dame.
Sie waren zwei und strebten bald zurück.
Comus.
Vielleicht kam ihnen schnell die Nacht zuvor.
Dame.
Wie leicht man meinen Unglücksfall erräth.
Comus.
Bedeutet's mehr als Noth im Augenblick?
Dame.
So viel als ob die Brüder ich verlor.
Comus.
In Jugendblüte oder Mannestraft?
Dame.
290 Dem Hebe's glich ihr unrasirtes Kinn.*)
Comus.
Zwei solche sah ich, da der matte Ochs
In losem Zugseil von der Furche kam,
Und müh' ein Schnitter saß beim Abendbrod.
Ich sah sie unter grünem Rebendach,
Das sich am Hügelchen dort seitwärts
schlingt.
Sie pflückten Trauben von dem zarten
Schoß,
Und mehr als menschlich schien im Steh'n
ihr Wuchs.
Ich hielt es für ein feenhaft Gesicht
Von frohen Wesen aus dem Luftrevier,
300 Die in den Farben des Regenbogens leben
Und gaukeln im Gewölk. Voll heil'ger
Scheu
Verehrt' ich sie im Gehen. Suchst du sie,
So dünkte mich der Weg ein Himmelspfad,
Sie finden helfen.
Dame.
Sanfter Landmann, sprich,
Wo führt der leichteste Weg zu jenem Ort?
Comus.
Hier im Gebüsch steigt er nach Westen auf.

───────

*) Der prosaische Ausdruck hätte sich leicht vermeiden lassen; der Uebersetzer hat es absichtlich nicht gethan, da die Worte des Originals keineswegs poetischer klingen.

Dame.
Doch ihn zu finden überfliege wohl
Bei kärglich zugemeff'nem Sternenlicht,
So scheint's, des besten Landpiloten Kunst,
310 Rieth' ihm nicht sicher ein erfahr'ner Fuß.
Comus.
Ich kenne jeden Pfad und grünen Gang,
Das strauchbewachs'ne Thal, die Waldes-
schlucht,
Die Hohlweg' im Gebüsch so hier wie dort,
Mit jedem Steg bin ich schon lang' ver-
traut;
Sind die Verirrten, sei's in einem Haus,
Sei's nah' im Dickicht, so erfahr' ich's noch,
Eh' Morgen wacht und Lerchen mit niederm
Nest
Vom strohbedachten Wachbrett scheucht. Wo
nicht,
Führ' ich euch hin zu einer ärmlichen,
320 Doch biedern Hütte, wo ihr sicher harrt
Auf weit're Nachricht.
Dame.
Schäfer, ich nehm' es an
Und traue deiner biedern Höflichkeit,
Die oft sich unter'm rauch'gen Hüttendach
Weit eher als im Schloß mit Teppichen trifft,
An Fürstenhöfen, wo ihr Nam' entsprang,
Und dennoch nichts als Schein ist. Kaum
ein Ort
Ist weniger verbürgt als dieser hier
Und minder sicher, daß ich Wechsel scheute.
Sieh auf mich, Vorsehung, und miß dein
Prüfen
330 Nach meiner Kräfte Maß. Auf, Schäfer,
komm!
(Die beiden Brüder treten auf.)
Der ältere Bruder.
Entsumm't euch, matte Stern', und schöner
Mond,
Der du den Segensgruß des Wand'rers
liebst,
Durchbrich mit bleichem Antlitz licht Gewölk
Und nimm sein Recht dem Chaos, das hier
herrscht
In Doppelnacht des Dunkels und der
Schatten;
Ward unrechtmäßig eures Scheines Macht
Von schwarzem Dunst verdrängt, dann
komme mild

Zum Trost uns eine Kerz', ein Binsen-
  licht nur,
Aus einer Lehmbehausung engem Spalt
340 Fernzielend mit dem Richtmaaß seines
  Strahls,
Und sei für uns Arcadiens Gestirn
Und tyrischer Cynosur.

Zweiter Bruder.

      Sollt' unserm Blick
Dies Glück verschlossen sein, o hörten wir
Die Heerden doch mit Flechtwerk rings um-
  hegt,
Den Hirtensang zum Griff am Haferrohr,
Ein Pfeifen, oder wie der Hahn im Dorf
Nachtwachen den beschwingten Frauen zählt;
Es wär' ein Labsal doch, ein kleiner Trost
Im dichten Kerker von endlosen Zweigen.
350 Doch ach! unsel'ge Maid, verlor'ne
  Schwester,
Wo irrst du jetzt umher? Wo suchst du
  Zuflucht
Vor kaltem Thau inmitten rauher Disteln?
Vielleicht der Rasen ist ihr kaltes Bett,
An eines breiten Ulmbaums rauhem Stamm
Statt Polsters lehnt ihr Haupt von Furcht
  erdrückt.
Wie, wenn sie mit Entsetzen, voller Angst,
Derweil wir sprechen, in den Klauen gar
Des wilden Hungers, oder wilder Brunst —

Der ältere Bruder.

Still, Bruder, sei nicht allzusehr bedacht
360 Des zweifelhaften Unsterns Stand zu
  finden;
Denn ist's ein solcher, der verborgen bleibt,
Soll man vorgreifen seiner Leidensfrist
Und haschen, was man zu vermeiden strebt?
Doch war es nichts als falscher Lärm der
  Furcht.
Wie bitter ist die Täuschung seiner selbst!
So hülflos, glaub' ich, ist die Schwester nicht,
So unerfahren in der Tugend Buch,
Dem Frieden fern, den Güt' im Busen hegt,
Daß schon des Lichts Abwesenheit und Lärm
370 Auch ungefährdet — hoffentlich ist sie's —
Den steten Gleichmuth stillen Denkens trübte
Und sie versetzt' in ungeziemend Weh.
Die Tugend kann zum Werk der Tugend
  seh'n
Beim Licht, das ihr entstrahlt, ob Senn'
  und Mond

Gleich sänk' in's eb'ne Meer: die Weisheit
  selbst
Sucht oft die Stille theurer Einsamkeit,
Wo mit Betrachtung, ihrer Pflegerin,
Sie ihr Gefieder glättet und wachsen läßt
Die Schwingen, die im Treiben dieser Welt
380 Sich sträuben mußten, ja beschädigt wurden.
Wer Licht sich wahrt in seiner reinen Brust,
Erfreut sich hellen Tags im Erdengrund;
Doch wer in schwarzer Seele Frevel birgt,
Irrt auch umnachtet in der Mittagssonne,
Er selbst sein eigner Kerker.

Zweiter Bruder.

      's ist sehr wahr,
Vertieften Sinnes Sammlung liebt zumeist
Die ernste Heimlichkeit der öden Zelle,
Vom frohen Aufenthalt der Menschen fern,
Dort sicher wie im Hause des Senats.
390 Wer raubte wohl dem Klausner sein Ge-
  wand,
Holzteller, Rosenkranz und Bücherpaar?
Wer thut Gewalt an seinem grauen Haar?
Doch Schönheit, gleich dem Hesperidenbaum
Mit blüh'nten Goldes Last, bedürfte wohl
Der Drachen-Wacht mit zauberfreiem Blick
Zum Schutz der Blüten und der schönen
  Frucht
Vor frevler Hand der kecken Lüsternheit.
Du dürftest gleich den lichtberaubten Schatz
Des Geiz'gen legen vor des Räubers Höhle
400 Und ihn dort sicher nennen, wenn du hofft,
Gefahr mißachte die Gelegenheit
Und lasse einzle schwache Jungfrau'n zieh'n
Ganz unversehrt durch diese Wüstenei.
Nicht Nacht und Einsamkeit bekümmern
  mich,
Ich fürcht' ein schlimm Geschick, das beide
  hegt,
Es möchte unsrer herrenlosen Schwester
Ein roh Begegnen droh'n.

Der ältere Bruder.

      Nicht sag' ich, Bruder,
Es scheine mir der Zustand meiner Schwester
Gefahrlos, außer Zweifel, ohne Streit;
410 Doch wo ein gleich Gewicht von Furcht
  und Hoffnung
Den Ausgang richtet, fühl' ich von Natur
Zum Hoffen eher Neigung als zur Furcht,
Und banne gern von mir den scheelen Arg-
  wohn.

Die Schwester blieb nicht ohne allen Schutz,
Wie du dir's denkst, sie hat verborg'ne
　　　　　　　　　　　Kraft,
Die du vergessen hast.

　　　Zweiter Bruder.

　　　　　　　Verborg'ne Kraft!
Ist's etwa Kraft des Himmels, die du meinst?

　　　Der ältere Bruder.

Ich meine sie, und noch verborg'ne Kraft,
Zwar Himmels Gabe, doch ihr Eigenthum,
420 's ist keuscher Sinn, mein Bruder, keuscher
　　　　　　　　　　　Sinn.
Die ihn besitzt, trägt rings ein Stahl-
　　　　　　　　　　　gewand,
Betritt der Nymphe gleich mit scharfem Pfeil
Die rief'gen Wälder, obdachlosen Haiden,
Berrufnen Höh'n, Sandwüsten voll Ge-
　　　　　　　　　　　fahr,
Wo durch den heil'gen Strahl des keuschen
　　　　　　　　　　　Sinns
Kein Wilder, kein Bandit, noch Berges-
　　　　　　　　　　　räuber
Der Jungfrau Reinheit zu beflecken wagt.
Ja dort, wo die Verödung selber wohnt,
Bei Höhlen und Geklüft voll grauser Nacht,
430 Dort darf sie zieh'n in sich'rer Majestät,
Wenn's nicht aus Stolz und Anmaßung
　　　　　　　　　　　geschieht.
Auch heißt's, kein böses Ding, das nächtlich
　　　　　　　　　　　schweift
In Dunst und Glut, am See und sumpf'gen
　　　　　　　　　　　Moor,
Nicht mag're Her' und unstet heft'ger Geist,
Der um die Abendglod' aus Banden bricht,
Kein Kobold, noch ein schwarz Gespenst des
　　　　　　　　　　　Schachts
Hat Macht der reinen Jungfrauschaft zu
　　　　　　　　　　　schaden.
Glaubst du mir's so schön, oder ruf' ich auf
Das Alterthum, die Schulen Griechenlands
440 Zum Zeugniß für die Wehr des keuschen
　　　　　　　　　　　Sinns?
Es stammt aus ihm Diana's Jagdgeschoß,
Der keuschen Königin mit Silberschaft,
Womit den fleckigen Panther sie besiegt,
Die wilde Löwin, und leichtfert'gem Pfeil
Cupido's trotzt; es scheute Gott und Mensch
Ihr strenges Aug', und sie war Herrin im
　　　　　　　　　　　Wald.
Was war der schlangenköpf'ge Gorgoschild,

Den Pallas trug, die unbesiegte Jungfrau,
Womit zu eis'gem Stein sie Feind' erstarrt,
450 Als kalter Blick der herben keuschen Zucht
Und edler Anstand, der die Rohheit hinriß
Zu plötzlicher Verrehrung, wirrer Scheu!
So lieb dem Himmel ist heilig keuscher
　　　　　　　　　　　Sinn,
Daß, fand er eine Seel' aufrichtig keusch,
Ein Heer von tausend Engeln sie bedient,
Fern von ihr treibend alle Sünd' und
　　　　　　　　　　　Schuld;
In klarem Traum und herrlichem Gesicht
Künden sie ihr, was nie ein grobes Ohr
Vernehmen kann, bis steter Himmelsumgang
460 Allmälig Strahlen wirft auf die äuß're
　　　　　　　　　　　Form,
Den unentweihten Tempel des Gemüths,
Sie nach und nach zum Stoff der Seele
　　　　　　　　　　　wandelt,
Bis alles unsterblich wird. Allein wenn Lust
Durch Unkeuschheit in Blick, Geberd' und
　　　　　　　　　　　Wort,
Noch mehr durch frei' und freche Sünden-
　　　　　　　　　　　that
Befleckung einläßt zu den innern Theilen;
Dann wird durch Ansteckung der Geist ver-
　　　　　　　　　　　dickt,
Verkörpert und verthiert, bis er dann ganz
Die Göttlichkeit des ersten Daseins einbüßt.
470 Die dichten, feuchten Schatten sind der Art,
Die man im Leichenhaus, in Grüften sieht
Zaubernd und sitzend an dem frischen Grab,
Unluftig lassend vom Körper, den sie
　　　　　　　　　　　liebten;
Sie banden sich durch fleischlich rohe Sinn-
　　　　　　　　　　　lichkeit
An ein entartet und entehrtes Sein.

　　　Zweiter Bruder.

Wie göttlich reizend ist Philosophie,
Nicht, wie die Thoren wähnen, herb und
　　　　　　　　　　　rauh,
Nein, voll Musik gleich wie Apollo's Laute,
Von Nektarsüßigkeit ein ew'ges Fest
480 Ohn' unverdauten Ueberdruß.

　　　Aelterer Bruder.

　　　　　　　Horch! horch!
Ein fern Halloh durchbricht die stille Luft.

　　　Zweiter Bruder.

So schien's auch mir; was kann es sein?

2

Aelterer Bruder.
                    Vielleicht
Iſt's Einer Nacht-verſchlagen hier gleich
                    uns,
Oder ein Waidmann aus der Nähe, ja
485 Ein Räuber gar, der die Genoſſen ruft.

Zweiter Bruder.
Der Himmel ſei der Schweſter Hut! Schon
                    wieder
Ganz nah. Zieh'n wir und ſchützen uns!

Aelterer Bruder.
                    Halloh!
Willkommen, naht er uns als Freund;
                    ſonſt iſt
Die gute Sach' ein Schutz, und Gott ſei
                    mit uns.
(Der Schutzgeiſt tritt auf, wie es nach Schluſſes geſchieht.)
490 Kenn' ich nicht jenen Ruf! Wer biſt du?
                    Sprich!
Tritt nicht zu nah, fällſt ſonſt auf Eiſen-
                    ſpitzen.

Schäfer.
War dies mein junger Herr? Sprich noch
                    einmal.

Zweiter Bruder.
O Bruder, 's iſt des Vaters Schäfer traun.

Aelterer Bruder.
Thyrſis! deß Gangeskunſt den Bach im
                    Lauf
495 Anhält zu lauſchen ſeinem Madrigal
Und Roſen im Thale ſüßer duften läßt.
Wie kamſt du her? Iſt's weil ein Bock
                    entlief
Der Hürde? weil ein Lamm die Mutter
                    rief?
Berirrt' ein Widder fern ſich vom Gehäg'?
500 Wie fand'ſt du des entleg'nen Winkels
                    Steg?

Schäfer.
O Erbe des Herrn und ſeine jüng're Luſt,
Nicht ſolcher Tand bekümmert meine Bruſt
Wie ein irres Schaf, noch lieg' ich auf
                    der Hut
Vor'm Räuber Wolf, nicht aller Bließe Gut,
505 Das rings hier dieſe Eb'ne ſchmückt, ſo
                    leicht

An meinen Auftrag, meine Sorgen reicht.
Ach! wo iſt meine Herrin vielgeliebt?
Wie kam's, daß ihr nicht bei der Jungfrau
                    bliebt?

Aelterer Bruder.
Ernſt ſag' ich's, wir verloren ſie beim
                    Geh'n,
510 Doch iſt es ohne unſ're Schuld geſcheh'n.

Schäfer.
Ich Unglückſel'ger! Meine Furcht iſt wahr.

Aelterer Bruder.
Furcht, guter Thyrſis? Bitte, mach's uns
                    klar.

Schäfer.
Ich ſag' euch, eine Fabel iſt es nicht,
Obgleich dies wähnt der ſeichte Unverſtand,
515 Was weiſe Dichter, von der Himmelsmuſe
Belehrt, in ew'gen Verſen einſt erzählt
Von ſchrecklichen Chimären, Zauberinſeln,
Von der Klippen Kluft, dem Thor zur
                    Unterwelt;
Dies Alles gibt's, Unglaube nur iſt blind.
520   Im Nabel dieſes grauenhaften Hains,
Bermauert in Cypreſſen wohnt ein Zaub'rer,
Bacchus' und Circe's Sohn, der große
                    Comus,
Vertraut mit ſeiner Mutter Hexenkunſt,
Und reicht hier jedem durft'gen Wanderer
525 Durch ſchlaue Lockung den Verderbenstrank,
Den manch ein Murmeln miſcht; ſein lieb-
                    lich Gift
Verkehrt das Antlitz deſſen, der ihn trinkt,
Und drückt das Abbild eines Thiers dafür
Zur Schmach ihm auf, verwiſchend das
                    Gepräge
530 Des Geiſtes im Geſicht. Dies ward mir
                    kund,
Als ich die Herden trieb am Hügelfeld,
Das dieſen Thalgrund ſchließt, wo Nacht
                    für Nacht
Man ihn und Mißgeſtalten heulen hört
Wie Wölf' im Stall und Tiger auf der
                    Jagd;
535 Sie begehen Greueldienſt der Hecate
Auf ihrem dunkeln Sitz in tiefen Lauben,
Und haben Köder, trüglich Zauberwort,
Einladend und einlockend ſchlichten Sinn
Derer, die unbedacht des Weges zieh'n.

540 Heut' Abend spät, da läut'nde Herden schon
Auf saft'gen Wiesen Perlgras thaubesprengt
Zu Nacht verzehrt, und in den Hürden
    waren,
Setzt' ich mich hin auf eine Rasenbank
Mit Epheu-Baldachin, drin sich verschlang
545 Das flatternd stolze Geißblatt, und begann
Bewiegt in süße Anwandlung von Trübsinn
Die Minstrellkunst des Landes schlicht zu
    üben,
Bis satt mein Herz sich sänge. Vor dem
    Schluß
Hub jenes Brüllen in den Wäldern an
550 Und füllte die Luft mit roher Dissonanz;
Da hielt ich an und lauschte kurze Zeit,
Bis eine Pause unverhofften Schweigens
Die Rosse ruhen ließ im trägen Flug,
Die des dichtverhängten Schlafes Sänfte
    zieh'n.
555 Zuletzt stieg sanft ein heil'ger Gangeshauch
Empor wie Duft von flüss'gem Wohlgeruch
Und er beschlich die Luft, daß auch das
    Schweigen
Sich nicht davor bewahrt' und seinem Selbst
Entsagend nicht mehr zu bestehen wünschte,
560 Stets so verdrängt zu sein. Ganz Ohr
    schlürft' ich
Accorde ein, die eine Seele schüfen
Unter des Todes Rippen. Doch schon bald
Bemerkt' ich nur zu wohl, die Stimme sei's
565 Der hochverehrten Herrin, eurer Schwester.
Ich stand bestürzt, gequält von Sorg' und
    Furcht,
Und ach, du arme Nachtigall, dacht' ich,
Wie süß du singst, wie nah der Todes-
    schlinge!
Dann lief ich durch die Au'n mit hitz'ger
    Hast
570 Auf Pfaden, die ich oft bei Tag betrat,
Bis ich, vom Ohr geführt, die Stätte fand,
Wo der verfluchte Zaub'rer, schlau ver-
    kappt —
Dies schloß ich sicher — schon begegnet war
Der unbeschützten Jungfrau, seinem Raub;
575 Sie glaubt', er wär' aus einem nahen Dorf
Und fragte sanft, ob er zwei solch' erblickt,
Des Bleibens braucht' es nicht, mir ahnte
    bald,
Ihr wär't damit gemeint; so sprang ich fort
In schneller Flucht, bis ich euch hier ge-
    funden;
580 Doch Weit'res weiß ich nicht.

Zweiter Bruder.

O Nacht und Schatten,
Ihr seid mit der Höll' in dreifach festem
    Bund
Gegen die schwache Ohnmacht einer Jung-
    frau,
Allein und wehrlos. Ist das die Zuversicht,
Die du mir gabst!

Aelterer Bruder.

Ja, und sie gilt mir noch,
585 Verlaß dich sicher d'rauf; auch nicht ein Satz
Soll widerrufen werden. Gegen Arglist
Und Zaubers Dräu'n, ja gegen jene Macht,
Die Irrthum Zufall nennt, halt' ich d'ran
    fest,
Die Tugend wird bestürmt, doch nie verletzt,
590 Gewaltsam zwar bedrückt, doch nicht ge-
    knechtet;
Was Bosheit selbst als größtes Leid er-
    dacht,
Schlägt in der Prüfung nur zum Ruhm
    ihr aus.
Doch Böses prallet einst auf sich zurück,
Verkehrt nicht mehr mit Gutem, wenn's
    zuletzt,
595 Gleich Schaum geschöpft und in sich ab-
    gesetzt,
In ewig ruheloser Wandlung bleibt,
Wie selbstgenährt auch selbstverzehrt. Täuscht
    dies,
Dann sind des Firmamentes Pfeiler morsch,
Die Erde ruht auf Stoppeln. Doch kommt
    fort.
600 Nie werd' im Widerstreit mit des Himmels
    Arm
Und Willen dies gerechte Schwert gezückt;
Wär' aber jener Magier umringt
Von allen Scheusalsheeren, die geschaart
Um Acheron's rußfarb'ne Fahne zieh'n,
605 Harpyien und Hydren und der Monsterbrut
Von Afrika bis Indien; ich fänd' ihn,
Und zwing' ihn aufzugeben seinen Raub;
Sonst zieh' ich an den Locken ihn zum Tod
Schnöd' wie sein Leben.

Schäfer.

Tapf'rer Jüngling, ach!
610 Zwar lieb' ich deinen Muth, dein kühn
    Beginnen,
Doch bringt dein Schwert dir hierin wenig
    Heil;

2*

Ganz and're Wehr und and're Waffe
  braucht's,
Vor der die Macht des Höllenzaubers
  weicht.
Mit bloßem Stabe löst er dein Gelenk,
615 Zerbröckelt alle Sehnen.

Aelterer Bruder.
            Aber, Schäfer,
Wie wagtest du dich selbst ihm so zu
  nah'n,
Daß du's berichten konntest?

Schäfer.
        Sorg' und höchste Noth,
Wie ich die Jungfrau vor Bedrängniß
  schützte,
Rief einen Schäfer meinem Geist zurück,
620 Nicht stattlich anzuseh'n, doch wohl bekannt
Mit jedem Heilgewächs und kräft'gen
  Kraut,
Das dem Morgenstrahl sein grünes Blatt
  erschließt.
Er liebte mich und bat mich oft zu singen,
Und wenn ich's that, pflegt' er auf zartem
  Gras
625 Zu sitzen und zu lauschen wie verzückt;
Er öffnete zum Dank die Ledertasche
Und wies mir tausendnam'ge Arzenei'n
Mit Angab' ihres selt'nen kräft'gen Werths.
Darunter las er eine Wurzel aus
630 Unscheinbar, doch von göttlichem Erfolg.
Das Blatt war dunkel, und es hatte
  Stacheln,
In einem andern Boden, sagt' er mir,
Trüg's eine goldne Blume, nicht hier zu
  Land;
's ist unbekannt und nicht geschätzt; tritt ja
635 Der stumpfe Schäfer d'rauf mit plumpem
  Schuh'n;
Doch ist's heilkräft'ger noch als jenes Moly,
Das Hermes einst dem weisen Ulysses gab.
Er nannt' es Hämony und gab es mir,
Und hieß mich's wahren, denn vom besten
  Dienst
640 Sei's wider Zauber, Mehlhaubrand und
  Dunst,
Selbst bei der grausen Furien Erscheinung.
Ich steckt' es ein, doch achtet' ich es kaum
Bis jetzt, da dieses Aeußerste mich zwang.
Jetzt sind ich's wahr; denn dadurch kann'
  ich gleich

645 Den Zaub'rer, ob er schon verkleidet war,
Ja ich betrat Leimruthen seines Banns,
Und kam davon. Wenn du dies bei dir
  trägst —
Ich gebe dir's beim Scheiden — magst du
  kühn
Einstürmen in des Todtenbanners Schloß;
650 Und ist er dort, so stürze keck auf ihn,
Die Klinge schwingend, dann zerbrich sein
  Glas
Und schütte aus den widrig süßen Saft;
Doch nimm den Stab. Ob seine Rotte schon
Zum Kampf sich anschickt und gewaltig droht,
655 Auch gleich Vulcanus' Söhnen Feuer speit;
Doch zieh'n sie sich zurück, wenn er nur
  weicht.

Aelterer Bruder.
Thyrsis, komm, führ' uns schnell, ich folge
  dir,
Den Schild trag' uns ein guter Engel vor.

(Die Scene verwandelt sich in einen herrlichen, mit allen Köstlichkeiten
geschmückten Palast. Sanfte Musik. Jablis mit allerlei Creaturen beruft. Comus erscheint mit seiner Ruthe, und auf einem zauberischen
Sitze man die Dame sitzt, der zwar sein Glas entdeckt, so steht
es gerad und macht den Versuch sich zu erheben.)

Comus.
Bleib, Dame, rühr' ich diese Ruthe nur,
660 So schließt sie dein Gelenk in Alabaster,
Du wirst ein Standbild, oder wurzelst ein
Gleich Daphne, die Apollo floh.

Dame.
         Thor, prahle nicht,
Dein Zauber all vermag den freien Geist
Nicht anzurühren, ob des Körpers Rinde
665 In Banden sei, so lang' es Gott gefällt.

Comus.
Warum empört, Dame! warum so ernst?
Hier wohnt kein Ernst, noch Zürnen; Kum-
  mer flieht
Fern diesem Thor. Sieh, hier sind alle
  Freuden,
Die mit dem Jugendbeben Lust erzeugt,
670 Wenn's Blut voll muntern Lebens wieder-
  kehrt,
Frisch wie die Knospe sprießt im Primel-
  frühling.
Zuerst sieh hier den stärkenden Julep an,
Der in krystall'nen Schranken flammt und
  tanzt,

Mit Balsamgeist und duft'gem Saft gemischt.
675 Nepenthes selbst, den des Aegypt'schen Thon
Gemahlin der Helena, Zeus' Tochter, gab,
Ist nicht so kräftig Freude zu erregen,
Dem Leben so freundlich, noch dem Durst
so kühl.
Wie handelst du so grausam an dir selbst,
680 In zarten Gliedern, die Natur verlieh
Zu holdem Brauch und sanfter Zärtlichkeit!
Doch du verkehrst die Satzung ihres Lehns,
Verfährst unbillig gleich dem schlechten
Borger
Mit dem, was du zu anderm Zweck empfingst,
685 Verachtest jene ausnahmlose Vorschrift,
Wodurch die Schwachheit Sterblicher besteht,
Erfrischung nach Beschwer, nach Mühsal
Ruh',
Du die den Tag lang ohne Mahl erschöpft
Der nöth'gen Rast entbehrst. Dies, o
Schöne,
690 Stellt Alles wieder her.

Dame.
Nein, falscher Schurke,
Nicht stellt es her die Treu' und Ehrlichkeit,
Die von der Zunge dein Betrug verbannt.
War dies die Hütte und der sich're Hort,
Von dem du sprachst? Welch grimmer
Anblick hier,
695 Monster mit garst'gem Haupt! O Gnade,
hilf mir!
Fort mit dem Zauberbräu, verruchter
Lügner!
Hast du arglosen Sinns Einfalt bethört
Mit verlarvter Falschheit, schändlichem Betrug,
Und locktest gern auf's Neue mich in's Netz
700 Mit Ködersaft, der leicht ein Vieh berückt!
Wär' es ein Trank für Juno bei dem Festmahl,
Nicht kostet' ich, was du verräth'risch beutst.
Nur gute Menschen geben was uns frommt,
Und das, was uns nicht frommt, hat keinen
Reiz
705 Für die Begier, die Weisheit folgsam lenkt.

Comus.
O Thorensinn der Menschheit! die Gehör
Doctoren gibt im stoischen Talar,

Beim Faß des Cynikers sich Lehr' erholt,
Enthaltsamkeit, die mag're, bleiche, preist.
710 Streut die Natur nicht ihre Gaben aus
Mit voller Hand, zieht nimmer sie zurück,
Bedeckt das Land mit Düften, Früchten,
Herden,
Und füllt die See mit zahllos reicher Brut,
Nur zu erfreu'n, zu sätt'gen den Geschmack?
715 Wies sie nicht an Millionen Seidenwürmern
In grüner Werkstatt weiches Haargespinnst
Zu ihrer Söhne Schmuck? Und daß kein
Winkel
Der Fülle ledig bleibe, barg ihr Schooß
Das allverehrte Gold, den edlen Stein
720 Für ihre Kinder. Wenn sich alle Welt
Begnügt' in launenhafter Mäßigkeit
Mit Brei, mit dem klaren Bach, nichts
trüg' als Fries,
So würde der Allspender danklos, ruhmlos sein,
Sein Gut nicht halb bekannt und doch
verschmäht,
725 Wir dienten ihm als einem kargen Herrn,
Als einem Geizhals knappend seinen Reichthum;
Natur säh' in uns Bastard' und nicht
Söhne,
Sie wäre ganz erdrückt durch ihr Gewicht,
Erstickt in ihrer öden Fruchtbarkeit,
730 Die Erde gestopft, beschwingte Luft von
Federn
Verdunkelt, Herden ihren Herrn zu groß,
Das Meer schwöll' an, Diamanten nicht
gesucht
Erhellten so der Fluten breite Stirn,
Bestreuten sie so mit Sternen, daß tief
unten
735 Die Wesen, an das Licht gewöhnt, zuletzt
Die Sonn' ansäh'n mit unverschämtem
Blick.
Horch, Holde, sei nicht scheu, laß dich vom
Schein
Nicht blenden, von dem bloßen Namen
Keuschheit,
Die Schönheit ist die Münze der Natur
740 Zum Umlauf, nicht zum Sammeln uns
verlieh'n,
Ihr Segen ruht in wechselseit'gem Glück,
Doch unbefrieb'gend ist ihr Selbstgenuß,
Sie welkt am Stock, läßt du die Zeit entflieh'n,
Vergeff'nen Rosen gleich mit mattem Haupt.

745 Die Schönheit ist ein Prangen der Natur,
Gehört dem Hof, dem festlich frohen Glanz,
Daß jedes Aug' am Werk der Kunst sich
weide.
Hausbackne Züge bleiben fein zu Haus,
Woher das Wort stammt; eine grobe
Haut
750 Und Wangen von traur'gem Roth sind
gut genug
Am Stickrahm oder wo man Wolle kratzt.
Braucht's einen purpurfarb'nen Mund
dazu,
Liebglüh'nde Augen, Locken gleich dem
Morgen!
Die Gaben sind zu anderm Zweck be-
stimmt,
755 Bedenk's, nimm Rath an, denn du bist
noch jung.

Dame.

Ich hätte nicht in so unheil'ger Luft
Die Lipp' erschlossen; doch der Zaub'rer
dächte,
Er fesselte mein Denken wie den Sinn
Aufdrängend Irrlehr' im Vernunftgewand.
760 Schlimm ist's, wenn Laster seine Gründ'
aussieht
Und Tugend feine Zung' hat zum Verweis.
Klag' Unschuld der Natur nicht an, Be-
trüger,
Als wollte sie, die Kinder sollten prassen
Im Ueberfluß. Weis' als Haushälterin
765 Bestimmt sie ihren Vorrath nur dem Guten,
Der ihrem nüchternen Gesetz sich schickt
Und heil'gen Regeln karger Mäßigkeit.
Wenn jeder Edle, der jetzt haben muß,
Nur mäß'gen Antheil hätte nach Gebühr
770 An dem, was Schlemmerei und Ueppigkeit
In hohem Uebermaß auf Wen'ge häuft;
Dann wäre der Segen der Natur vertheilt
In schönem Gleichmaß ohne Ueberfluß,
Sie würde keineswegs von Füll' erdrückt;
775 Dem Geber würde beff'rer Dank gezollt
Und schuld'ges Lob; denn schwelg'rische
Völlerei
Sieht nie bei'm prächt'gen Fest zum Him-
mel auf,
Nein, stopft sich voll, verdummt und un-
dankbar,
Und lästert den Erhalter. Fahr' ich fort!
780 Hab' ich genug gesagt! Ihm, der es wagt
Ruchlos die Zunge mit Berachtungswort

Zu waffnen gegen sonnumstrahlte Keusch-
heit,
Spräch' ich so gern ein Wort; allein wozu!
Du hast nicht Ohr, noch Seele, zu versteh'n
785 Des hohen Denkens herrliches Geheimniß,
Das man enthüllen muß, um darzuthun
Die ernste Lehre der Jungfräulichkeit;
Du bist nicht würdig, je ein größ'res Glück
Zu kennen als dein gegenwärt'ges Loos.
790 Freu' dich des Witzes, heut'rer Redekunst,
Da du ihr Blendgefecht so gut gelernt;
Du taugest nicht dich überführt zu seh'n.
Versucht' ich's doch, so würde mein Gemüth
Zu solchem Feuer heil'ger Leidenschaft
795 Vom hohen Werth der reinen Sach' ent-
flammt,
Daß stumme Wesen Mitgefühl empfänden,
Die rohe Erde mir Sehnen lieh' und
spannte,
Bis all dein stolz erhob'ner Zauberbau
In Trümmer bräche auf deinem falschen
Haupt.

Comus.

800 Sie redet wahr. Mir sagt ein bang' Ge-
fühl,
Ihr Wort sei stark durch eine höh're Macht;
Obgleich nicht sterblich, netzt mich kalter
Thau
Schaudernd am ganzen Leib, wie wenn
im Grimm
Zeus zu Saturns Genossen Donner spricht
805 Und Kett' im Erebus. Ich muß schon
heucheln
Und stärker in sie dringen. — Komm,
nichts mehr;
Dies ist bloß Sittenschwatz, den läßt
nicht zu
Hier unsres Instituts kanonisch Recht.
Ich duld' es nimmer; bloße Hefen sind's
810 Und Bodensatz des trübgestimmten Bluts.
Doch dies bringt schleun'ge Kur; nippst
du davon,
So badet sich dein matter Geist in Lust,
In mehr als sel'gem Traum. Sei weis'
und trink.

(Der Bruder klingt ...)

Schutzgeist.

Wie ließet ihr dem falschen Zaub'rer flieh'n!
815 Ihr hättet ihm den Stab entreißen sollen,

Ihn binden. Denn dreht man den Stab
      nicht um
Und murmelt rückwärts manch zertheilend
      Wort,
Wird nicht befreit die Dame, die hier sitzt
In Felsen-Fesseln und bewegungslos.
820 Doch halt! Betrübt euch nicht; ich denke
      d'ran,
Ein and'res Mittel ist uns noch zur Hand;
Mich lehrt' es Meliboeus, ein Greis, der
      wahrhaft
Vor allen Schäfern flötet auf der Flur.
's wohnt eine holde Nymph' unfern von
      hier
825 Und lenkt mit feuchtem Zaum den sanften
      Strom;
Sabrina heißt sie, eine reine Jungfrau.
Weiland war sie die Tochter des Locrin,
Der als des Brutus Sohn sein Reich geerbt.
Ein Stiefkind, floh die Maid, schuldlos
      verfolgt
830 Von ihrer zorn'gen Mutter Guendolen,
Und da ein Fluß mit querem Lauf sie
      hemmte,
Empfahl sie ihre Unschuld seiner Flut.
Es fingen Nymphen, spielend in dem Bett,
Mit hochgehalt'nem Perlenarm sie auf
835 Und trugen sie zum Schloß des alten
      Nereus,
Der mitleidsvoll ihr nasses Haupt erhob;
Er gab sie seinen Töchtern, sie zu baden
In Nektarbecken mit Asphodill bestreut,
Und durch Vorhall und Eingang jedes
      Sinns
840 Tropft' er ambrosisch Oel, bis sie genas
Und schnell unsterbliche Verwandlung litt
Als Göttin jenes Stromes. Sie behielt
Der Jungfrau Sanftmuth und besucht am
      Abend
Oftmals die Herd' auf dämmerndem Gefild.
845 Sie lindert Koboldsbrand, das schlimme
      Mal,
Das gern der Elf sich bös' einmengend
      drückt,
Heilt ihrer köstlichen Phiole Naß:
Drum jubeln Schäfer an den Festen laut
Von ihrer Güt' in ländlichem Gesang,
850 Und werfen Kranzgewind' in ihren Strom
Aus Veilchen, Nelken, buntem Daffodill.
Sie löst, wie jener alte Schäfer sprach,
Des Zaubers Schluß und thaut den starren
      Bann,

Wenn man sie würdig ruft mit hellem
      Sang;
855 Denn Keuschheit liebt sie und naht schnell
      zum Schutz,
Wenn eine Jungfrau, wie sie selber war,
Von harter Noth bedrängt wird. Ich ver-
      such's,
Und Kraft dem Fleh'n gibt ein Beschwö-
      rungslied.
(Gesang.)
  Sabrina hold,
860 Hör' uns, wo dich die klare
Spiegelnde Well' umfängt im Flussesbette,
  Wo Lilien in deine Haare
Du flichtst, die wallend träufen Ambergold;
Hör' uns, die Tugend gilt's und Ehre,
865 Göttin des Silbersee's, o höre,
  Hör' uns und rette!

Hör' uns, komm aus deinem Fluß
  Im Namen des Oceanus,
  Bei des Neptunus Wogenritt,
870 Bei Tethys' würdevollem Schritt,
  Bei Nereus' furchtigem Angesicht,
Beim Seherwort, das Glaucus spricht,
  Bei des karpathischen Zaub'rers Zorn,
Bei des schuppigen Triton's Muschelhorn,
875 Bei Leucothea's linder Hand,
  Bei ihrem Sohn, dem Herrn am Strand,
  Beim Silberschuh an Thetis' Fuß,
  Bei der Sirenen süßem Gruß,
  Beim Grabe der Parthenope,
880 Bei Ligea, die an ferner See
  Den Demantfels zum Throne wählt,
  Mit goldnem Kamm die Locken strählt,
  Und bei der Nymphen nächt'gem Reih'n
  An deinem Ufer im Mondenschein,
885 Erheb' dein rosig Angesicht
  Vom korall'nen Grund an's Licht,
  Und hemme der Wogen Drang im Bette,
  Auf unser Flehen komm zur Stätte,
  Hör' uns und rette!

    Sabrina
(tritt empor, von Wassernymphen umgeben, und singt.)
890 An dem binsumfranzten Hang,
Wo feucht die Weide wächst den Fluß
      entlang,
  Hält meines Wagens Lauf —
Agate zieren ihn, Smaragde grün,
Türkise, die wie Azur glüh'n,
895 Sie fluten im Bett zu Hauf;

Schon entheb' ich mich dem Fluß,
Setze spurlos meinen Fuß
Auf der Primel sammtnes Haupt,
Die kaum berührt sich glaubt.
900 Jüngling, sprich, wer ist bedroht,
Ich bin hier.

Schutzgeist.

Göttin, wir
Fleh'n zu deiner starken Hand;
Löse das gefeite Band
905 Einer Jungfrau, die in Noth
Durch die Macht und durch die List
Des verruchten Zaub'rers ist.

Sabrina.

Meine Pflicht ist's, meine Lust,
Was gegen Keuschheit Tück' ersann
910 Zu hindern. Jungfrau, sieh mich an;
So besprengen deine Brust
Tropfen, die heilkräftig, hell
Ich geschöpft aus meinem Quell,
Dreimal deine Fingerspitze,
915 Dreimal die Lippen von Rubin;
Auch dem gift'gen Marmorsitze,
Den ein Zauberleim macht glüh'n,
Leg' ich auf die keusche Hand,
Und der Zauber ist gebannt.
920 Nun fort; es finde mich der Morgen
In Amphitrite's Schloß geborgen.

(Sabrina steigt herab, und der Damon erhebt sich von seinem Sitze.)

Schutzgeist.

Jungfrau, des Locrinus Kind,
Dessen Stamm von Troä beginnt,*)
Mög' als Dank vor deiner Flut
925 Nimmer fehlen am Tribut,
Den manch Bächlein dir ergießt,
Wenn's vom schneeigen Hügel fließt;
Glüh'nder Sonnenlüfte Macht
Schone deiner Locken Pracht
930 Nie trüb' Oktobers Flutenschwall
Mit Schlamm den flüssigen Krystall,
Deine Welle roll' an's Land
Goldnes Erz und Diamant;
Mit Thürmen sei dein Haupt gekrönt
935 Und durch Terrassen rings verschönt;

---

*) Brutus, der Vater des Locrinus, stammte nach englischen Sagen von Anchises ab. Der Ueberf. hat sich die Freiheit genommen, statt des letztern seinen Ahnherrn Tros zu substituiren.

Auch lasse hier und dort ein Hain
Von Myrrh' und Zimmt dein Ufer ein.

Der Himmel, Dam', ist unser Hort,
Flieh'n wir den verfluchten Ort,
940 Eh' der Zauberer geschwind
Noch auf neue Pläne sinnt.
Oeffne nutzlos nicht den Mund,
Bis wir steh'n auf reinerm Grund.
Treu will ich dein Führer sein
945 Durch den weiten, düstern Hain.
Eh' man tausend Schritte geht,
Deines Vaters Lustschloß steht,
Wo bei einem Hoffest heut'
Manch ein Freund des Glücks sich freut
950 Seiner ersehnten Gegenwart.
Hirtenjugend dort sich schaart
Zu ländlich frohem Tanzgewühl;
Und wir treffen sie beim Spiel,
Unsre Ankunft später Zeit
955 Mehrt die Lust und Heiterkeit.
Schnell fort, doch zieh'n die Sterne schon,
Doch hält noch Königin Nacht den Himmels=
thron.

(Die Scene verwandelt sich und zeigt die Stadt Ludlow und das Schloß des Statthalters; es treten Edelknaben auf und noch obere der Schutzgeist mit der Dame und deren beiden Brüdern.)

Gesang des Schutzgeistes:

Laßt nun genug des Spieles sein
Bis nächsten Festtags Sonnenschein.
960 Ohne Knix und Beugung hebt
And'rer Tanz an, und d'rin schwebt
Ein leicht'rer Zeh nach Hofesart;
Mit den Dryaden fein und zart
Einst Mercur die Schritt' erfand
965 Ueber Wies' und Weidenland.

(Mit diesem zweiten Gesange werden sie ihren Eltern zugeführt.)

Dir, erlauchtes Fürstenpaar,
Bring' ich neue Wonne dar.
Seht in frischem Wuchse hier
Eurer schönen Sprossen Zier.
970 Zeitig prüfte sie Gottes Huld
In Treue, Glauben und Geduld,
Hat sie durch Prüfung hergeschickt,
Die eine ew'ge Krone schmückt
Zu Triumph im Siegeskranz bereit
975 Ueber der Thoren Lust und Sinnlichkeit.

(Nach Beendigung des Tanzes folgt der Schlußgesang des Schutzgeistes.)

Nach dem Ocean flieg' ich,
Nach dem sel'gen Himmelsstrich,
Wo nie Tages Auge sich
Schließt im Luftfeld wonniglich.

980 Dort saug' ich die flüss'ge Luft	Eros, der Himmlische, schon vorgerückt,
Mitten in der Gärten Duft,	1005 Hält seine Psyche süß verzückt
Wo Hesperus' Töchter am Erdensaum	Nach des Wanderns langer Noth,
Stets singen um den goldnen Baum.	Und der Götter frei Gebot
Die schlängelnden Schatten hat erkoren	Gibt sie ewig ihm zum Weib;
985 Frühling, und schwärmt mit heiterm Sinn;	Einst bringt ihr unbeflecter Leib
Die Grazien und die rosenbusigen Horen	1010 Ein sel'ges Zwillingspaar hervor,
Bringen reiche Gaben hin.	Jugend und Lust, wie's Zeus beschwor.
Dort herrscht ew'ger Sommer auch,	
Von des Westwinds Weihrauchschwingen	Doch da wir nun das Ziel erreicht,
990 Durch der Cedern Reihen bringen	Flieg' ich oder hüpfe leicht
Nard' und Cassia's Balsamhauch.	Ueber's Erdengrün an's End,
Iris' feuchtes Rund begießt	1015 Wo sich langsam neigt das Firmament,
Dust'ge Häng', aus denen sprießt	Schwinge schnell mich, wie gewohnt,
Blumenschmelz so bunt belebt	Wieder auf zur Spitz' am Mond.
995 Wie ihr Schleier golddurchwebt,	
Und nässet mit Elysiums Thau —	Sterbliche, o stimmt mir bei,
Vernehmt es, Sterbliche, genau —	Liebt die Tugend, sie ist frei;
Beete von Ros' und Hyacinth,	1020 Sie allein trägt euch empor
Darauf der Knab' Adonis sind	Ueber Stern' und Sphärenchor.
1000 Oftmals schlummert zum Gesunden;	Wenn die Tugend Schwäche zeigt,
Assyriens Herrin seinen Wunden	Der Himmel selbst sich zu ihr neigt.
Trauernd auf dem Boden sitzt.	
Doch doch ihr Sohn in Hülle glitzt,	

Erläuternde Abhandlung.

Unter Milton's Jugendwerken finden sich zwei dramatische Gedichte, Arcades und Comus, welche aus demselben Jahre 1634 stammen und ihrer ganzen Anlage nach und ihrer Bestimmung nach wie verwandt und zusammengehörig zu betrachten sind. Die Arkadier hat der Dichter selbst durch den Zusatz "Part of an Entertainment presented to the Countess Dowager of Derby at Harefield, by some noble persons of her family" etc. als ein für die gesellige Unterhaltung bestimmtes und anspruchloses Festspiel bezeichnet. Der Comus heißt "a Masque", welcher Name nach dem Sprachgebrauch Ben Jonson's, des eigentlichen Schöpfers der englischen Maskenspiele, im Vergleich mit entertainment (einer theatralischen Unterhaltung) auf einen etwas regelmäßigeren Gang und auf eine bestimmtere Form der Dichtung hindeutet. Obgleich jedoch das Maskenspiel in der englischen Litteratur als eine fest ausgeprägte Nebengattung der Komödie auftritt, wie das verwandte Schäferspiel, sich selbst durch Aufnahme mythischer Stoffe und Verbindung derselben mit allegorischen Figuren, mit Wesen der Elfen-, Hexen- und Zauberwelt, mit grotesken Caricaturen und mit Personen des wirklichen Lebens, theils durch Herbeiziehen des Ballets und der Tonkunst, wie durch sorgfältige Benutzung aller scenischen und decorativen Hülfsmittel auszeichnet: so kann es doch in seiner ganzen Composition den untergeordneten Charakter einer theatralischen Gelegenheitsdichtung nicht verleugnen. Die Eigenthümlichkeit des Milton'schen Comus aber, um es gleich kurz zu sagen, besteht darin, daß der Dichter mit Aufgabe des naivhumoristischen Elements, welches besonders in Ben Jonson's Masken stark hervortritt, ohne das Sujet durch strenge Durchführung von Situationen, oder gar durch bestimmte Zeichnung der Charaktere kunstgemäß zu gestalten, in die dürftige äußere Form einen tieferen Inhalt gelegt und denselben durch die prachtvollste Lyrik der Sprache ausgeschmückt hat.

Zum Theil sagt schon die alte Ueberschrift "A Masque, presented at Ludlow Castle, 1634, on Michaelmasse Night, before the right honourable the Earle of Bridgewater, Viscount

Brackley, Lord President of Wales, and one of his Majesties most honourable privie Counsell," daß, als der Graf von Bridgewater, welcher im Juni 1631 zum Lord-Präsidenten oder Statthalter von Wales ernannt war, drei Jahre später sein Residenzschloß Ludlow an der Grenze von Shropshire und Worcestershire, ein Paar deutsche Meilen westlich vom Flusse Severn, wieder bezog, zur Feier seiner Ankunft außer andern, auf Ueberraschung berechneten Festlichkeiten auch der Comus aufgeführt wurde; und zwar geschah dies am Michaelisabend (den 29. September) des für unser Vaterland wie für Großbritannien bedeutungsvollen Jahres 1634, zwölf Tage nach der Schlacht bei Nördlingen und kurz vor der Einführung des Schiffgeldes. Die Halle, in welcher damals Lady Alice Egerton, die funfzehnjährige Tochter des Grafen, und ihre zwei jüngern Brüder in den ihrem geschwisterlichen Verhältniß entsprechenden Rollen des Stückes auftraten, wird noch jetzt unter den Ruinen des Schlosses als Comus-Hall gezeigt. Ob Milton bei der Aufführung zugegen gewesen, wissen wir nicht; und da wir von einer etwaigen freundschaftlichen Beziehung des Dichters zum Grafen von Bridgewater oder zu dessen Stiefmutter, der poetisch vielgefeierten Gräfin von Derby, keine bestimmte Kunde besitzen, so müssen wir bei der einfachsten Annahme stehen bleiben, daß ein Freund Milton's, Henry Lawes, die Vermittlung zwischen ihm und den hochgestellten Personen gebildet habe, denen die Choregie zufiel. Lawes war der Lieblingscomponist der Engländer in jenen Tagen, und blieb es bis zu seinem 1662 erfolgten Tode. Er setzte die lyrischen Partieen der Ben Jonson'schen Hofmasken, so wie auch die im Coelum Britannicum und andern Festspielen in Musik, componirte Gedichte von Cartwright und Herrick und gab mit seinem Bruder einen Band Psalmmelodien heraus. Seine Bedeutung in der Geschichte der Musik soll hauptsächlich darauf beruhen, daß er den italiänischen Geschmack in England einführte. Dieser Musiker also scheint die Vermittlung gebildet, oder wohl geradezu den jungen Dichter zur Abfassung des Comus veranlaßt zu haben, wie dasselbe auch von den Arkadiern gilt.*) Er trat auch selbst in der Rolle des Thyrsis auf. Das kleine dramatische Werk, welches jetzt Comus genannt zu werden pflegt, kam zuerst 1637 anonym heraus, einfach bezeichnet "A Masque presented at Ludlow Castle"; auch in den Ausgaben der Milton'schen Gedichte von 1645 und 1673 tritt der Name Comus noch nicht als Titel auf. Der erste Herausgeber widmete es dem jungen Lord Brackley mit folgender Zuschrift, die ich aus den eben angeführten Werken (Masson p. 596, Keightley p. 286 f.) mittheile, da sie sich in den gewöhnlichen Ausgaben Milton's nicht findet:

> To the Right Honourable John Lord Bracly, son and heir-apparent to the Earl of Bridgewater, etc.
>
> "My Lord,
>
> "This Poem, which received its first occasion of birth from yourself and others of your noble family, and much honour from your own person in the performance, now returns again to make a small dedication of itself to you. Although not openly acknowledged by the Author, yet it is a legitimate offspring, so lovely and so much desired that the often copying of it hath tired my pen to give my several friends satisfaction, and brought me to a necessity of producing it to the public view, and now to offer it up, in all rightful devotion, to those fair hopes and rare endowments of your much-promising youth, which give a full assurance, to all that know you, of a future excellence. Live, sweet Lord, to be the honour of your name, and receive this as your own from the hands of him who hath by many favours been long obliged to your most honoured parents, and, as in this representation your attendant Thyrsis, so now in all real expression,
>
> Your faithful and most humble Servant,
>
> H. Lawes."

---

*) Vgl. The Poetical Works of John Milton, with notes of various authors etc. by H J. Todd, Archdeacon of Cleveland. Vol. IV. p. 38 ff. p. 45 ff. Ich citire nach der 5. Aufl. Lond. 1852. Thomas Keightley, An Account of the Life, Opinions, and Writings of John Milton, Lond. 1859. p. 104 f. 279 ff. David Masson, The Life of John Milton: narrated in connexion with the Political, Ecclesiastical, and Literary History of his Time, Vol. I. 1608—1639, Cambr. 1859. p. 563 ff.

Milton lebte zu der Zeit, als er den Comus verfaßte, hauptsächlich mit klassischen Studien beschäftigt, zu Horton in Buckinghamshire, wohin sich sein Vater seit einigen Jahren aus dem Geschäftsverkehr zurückgezogen hatte. Die Scenerie um Horton mit dem benachbarten Schlosse von Windsor hat Masson, der bedeutendste Biograph des Dichters, im Allegro wiedererkannt. In unserm Gedichte dagegen ist weder die Landschaft jenes ruhigen Aufenthalts, noch die Umgegend von Ludlow Castle deutlich wiedergegeben. Der Ort der Handlung ist in die Nähe von Ludlow verlegt; doch hat der Dichter vielleicht absichtlich die scenische Landschaft unbestimmt gehalten. Sie paßt insofern vollkommen zu dem phantastisch märchenhaften Charakter des ganzen Stücks und der Hauptperson darin, welche ihr zügelloses und unheimliches Treiben in nächtlichem Waldesdunkel birgt.

Die Person des Comus als Inbegriff des ausgelassenen Sinnentaumels, dem schon die geweihten κῶμοι des Gottes Dionysos, noch mehr aber die mit demselben Ausdruck bezeichneten lustigen und wilden Umzüge trunkner Jünglinge, die römischen comissationes Raum gaben, ist von Milton, wie wir sehen werden, dem Werke eines modernen Latinisten, Erycius Puteanus, entnommen; dieser aber hat sich wieder zum großen Theile einer Schilderung des ältern Philostratus angeschlossen. Auf die letztere brauchen wir hier keine Rücksicht zu nehmen, da Milton sie nicht gekannt zu haben scheint; wenigstens finden sich im Comus keine Indicien, die uns zu der Annahme nöthigen können, daß er bis zur ersten Quelle zurückgegangen sei. Den Schlüssel zu der ganzen Anlage des Charakters geben uns die auch von Puteanus angeführten Worte des Philostratus: Ὁ δαίμων ὁ Κῶμος, παρ᾽ οὗ τὸ κωμάζειν τοῖς ἀνθρώποις, κ. τ. λ.*) Bei dem ungenirten Verkehr der klassischen Götter mit den Göttinnen und Nymphen fiel es unserm Dichter nicht schwer, der etwas zweifelhaften Gottheit ein Paar Eltern zu verschaffen. Bacchus — sagt er — kam nach Verwandlung der tyrrhenischen Seefahrer (Preller, Griech. Mythol. I p. 425) auf die Insel der Circe; sie fühlte sich angezogen von dem schönen jugendlichen Gotte und gebar ihm einen Sohn, der von ihr erzogen wurde und den Namen Comus empfing. Dieser ähnelt dem Bacchus in seiner äußern Erscheinung; üppiges Lockenhaar, um welches er Rosen kränzt, wallt auf seine Schultern herab (v. 105, 608), und gleich den Genossen seiner Lust haben wir ihn mit einem Prachtgewande bekleidet uns zu denken (their apparel glistering, Bühnenanweisung zu v. 93); der Totaleindruck des Stücks gibt das Bild eines durch seine Schönheit bezaubernden Jünglings, in dessen Zügen jedoch ein schärferer Blick außer lüsterner Begier auch versteckte Tücke zu lesen vermag. Wir erinnern uns unwillkürlich an Milton's Satan, dessen frühere Engelschönheit durch den Fall nicht vollständig hat verwischt werden können. Wie nun Comus an Gestalt seinem Vater gleicht, so hat er von diesem auch die jugendliche Freude am Lebensgenuß geerbt, nur gesteigert zur wüstesten Ausschweifung. Mehr aber noch als dem Vater ähnelt er der Mutter (v. 57); denn ihre Zauberkraft und ihr dämonisches Wesen ist auf ihn übergegangen. Nachdem er zum Jüngling gereift, gleich dem Bacchus Wanderungen unternommen, Frankreich und Spanien (die celtischen und iberischen Gefilde v. 60) durchzogen hat, wählt er sich Britannien zum Wohnsitz und haust seitdem nicht fern von der Saverne im Schatten eines ungeheuerlichen Waldes, dessen Schilderung (v. 205 ff.) an deutsche wie an orientalische Märchen, zugleich aber auch einigermaßen an Prospero's Insel erinnert. Wenn Wanderer sich dorthin verirren und ermüdet ein Obdach suchen, so weiß er sich ihrer zu bemächtigen. Indem er Zauberstaub in die Luft streut, um ihre Sinne zu berücken und ihnen in Gestalt eines einfachen und harmlosen Menschen zu erscheinen (v. 152 ff.), naht er sich mit schmeichelnder Freundlichkeit; dann bietet er ihnen zur Stillung des Durstes einen unter Gemurmel von Zauberformeln gemischten Trank dar. (v. 524 ff.) Die Widerstrebenden bannt ein gefeiter Sessel, oder Berührung mit dem Zauberstabe hemmt die Thätigkeit ihrer Nerven. (v. 669 ff.) Trinken sie aber aus dem Becher des Comus, so verwandelt das süße Gift ihr menschliches Antlitz, das Ebenbild der Götter, in den Kopf eines Wolfes, Tigers,

---

*) Im. I, 2 p. 765 f. Ol. Vgl. die Citate in Kayser's Ausg. p. 439. Keightley's Anmerkung zu v. 58 des Gedichts (The Poems of John Milton, with notes by T. Keightley, Lond. 1859, Vol. I p. 79): Comus, i. e. excess, revelry, which had been already personified, but in a far different sense, by Aeschylus, Agam. v. 1150 (1195 ist ein Druckfehler) beruht auf einem völligen Mißverständniß.

Bären, oder eines andern wilden Thieres, während der übrige Körper die ursprüngliche Gestalt behält. Comus führt daher einen Krystall-Pokal und einen Zauberstab als Werkzeuge und Attribute seiner Macht. Er freut sich seines verderblichen Wirkens und hofft bald eine eben so stattliche Heerde zu besitzen, als seiner Mutter Circe um sich zu versammeln gelungen ist. (v. 151 ff.) Seine Opfer aber büßen nicht nur das Gepräge des Geistes im Menschenantlitz ein, sondern auch ihr innerer Sinn, ihr ganzes Denken und Treiben wird verthiert. Sie bemerken ihre Entstellung nicht, dünken sich vielmehr schöner als zuvor; gleich den Gefährten des Ulysses im Lande der Lotophagen vergessen sie Freunde und Heimath, und sie wälzen sich voll Freude im Kothe der sinnlichen Lust. (v. 73 ff.) Ihre nächtlichen Orgien werden wie die bakchantischen mit trunknem und entfesseltem Tanze, mit tosendem Jubel gefeiert (v. 102 ff. 143), aber sie heulen dabei sogar wie Wölfe und Tiger. (v. 533 f.) Während der Dienst des Dionysos durch das Dunkel der Nacht einen feierlichen Charakter empfängt (σεμνότητ᾽ ἔχει σκότος, Eur. Bacch. 480), begeht Comus mit seinen Thiasoten die wüsten Feste beim Sternenlicht, in dichten Waldlauben verborgen, weil der Schatten sein schlimmes Treiben in Schweigen hüllt. (v. 127, 141.) Auch sie feiern einen Cultus und betrachten sich als dessen Priester (v. 136); allein ihre Gottheiten sind die magische Hekate und Kotytto, das geheimnißvolle Wesen, dessen Dienst die ausschweifendste Sinnenlust zuläßt (v. 128 ff. 535.); die Liebesgöttin, natürlich Venus vulgivaga, bleibt gleichfalls nicht unerwähnt. (v. 124.) Wenn nun hiernach das ganze Thun und Treiben dieser Schaar ein durchaus rohes ist, so muß es uns als eine fremdartige und trotz aller Schönheit der Verse kaum recht angebrachte Idealisirung erscheinen, wenn Comus v. 111 ff. für dieselbe ein reines Feuer in Anspruch nimmt und sich für ihren Taumel auf die Sphärenharmonie, den Reigen der Gestirne und den Tanz der gaukelnden Fische im Meere beruft, welche die Bewegung des Mondes begleiten. Comus spricht selbst von seinen schlauen Ränken (wily trains, v. 151) und sagt von sich, daß er unter dem Ansehein eines freundlichen Vorhabens sich durch wohlgesetzte und glatte Worte, denen er vermöge annehmlicher Gründe Gewicht zu geben verstehe, in das Vertrauen gutherziger Menschen einschmeichle, um sie in die Falle zu locken. (v. 160 ff.) Die Art und Weise, wie er die Jungfrau, die sich Anfangs von ihm hat täuschen lassen, mit seinem Raisonnement zu berücken sucht, freilich ohne sein Ziel zu erreichen, zeigt in ihm einerseits einen üppigen Genußmenschen und andrerseits einen vollendeten Sophisten. An die Schilderung Satans im verlornen Paradiese, in welchem bessere Regungen flüchtig auftauchen, werden wir insofern auf's Neue erinnert, als Comus von dem Gesange der Jungfrau hingerissen es anerkennt, ein heiliges Etwas müsse ihrem Busen inwohnen, besonders aber durch das Geständniß, daß ihre Worte von einer höhern Macht eingegeben seien und deshalb auf ihn einen vernichtenden Eindruck gemacht haben. (v. 244 ff. 800 ff.) Seine dämonische Begabung aber tritt besonders in dem Umstande hervor, daß er bei dem Nahen jener, noch ehe er sie erblickt hat, ein leuschlis Wesen erkennt (v. 149); auch erwähnt der Dichter, daß Comus unsterblich ist. (v. 802.)

Die Schilderung, wie Comus die in seine Gewalt Gerathnen verzaubert, lehnt sich an die Erzählung von Circe und den Gefährten des Ulysses bei Homer (Od, κ, 210 ff.) und Ovid (Met. XIV, 248 ff.) auf das engste an. Daß gleich jener auch ihr Sohn die Verwandlung durch Berühren mit dem Stabe vollende, sagt Milton zwar nicht mit ausdrücklichen Worten; aber es muß ihm bei seiner Dichtung doch vorgeschwebt haben, ungeachtet er alles Gewicht auf die Wirkung des Zaubertranks zu legen scheint. Dies läßt sich aus der Stelle v. 816 ff. schließen. Den homerischen Versen, 239 f.

οἱ δὲ σνῶν μὲν ἔχον κεφαλὰς φωνήν τε τρίχας τε
καὶ δέμας, αὐτὰρ νοῦς ἦν ἔμπεδος ὡς τὸ πάρος περ.

hat unser Dichter die Schilderung (v. 68 ff.) gegenübergestellt, daß den Opfern des Comus bis auf das Haupt ihre Menschengestalt verbleibe, daß aber ihr Geist zu thierischer Lust herabsinke, der συγκός (v. 238, 320) nicht bei ihm zu einem sensual sty (v. 77.) werde. Daneben dürfte Milton auch die Lotophagen, deren schon Erwähnung gethan ist, und vor Allem die Sirenen vor Augen gehabt haben. Die Sage vom verführerischen Gesange der leztern, welcher die Menschen berückt und unfehlbar dem Tode weiht, wenn sie sich nicht durch Flucht dem Zauber entziehen, hat er moralisch gedeutet und zu der Schilderung verwandt, wie die sündige Lust durch anmuthigen Reiz unsre Sinne bestrickt, nur damit wir dem geistigen Tode, dem Vergessen unsres göttlichen Wesens anheimfallen.

Außerdem wird wohl einem Jeden beim Lesen des Comus die Gestalt Bottom's im Sommernachtstraum ganz unwillkürlich einfallen. Uebrigens traten schon vor Shakespeare und Milton Menschengestalten mit Thierköpfen bei Mummereien auf. Brand erwähnt in seinen Popular Antiquities of Great Britain, Bohn's ed. Vol. II. p. 368, die Zeichnung eines Tanzes von Männern und Frauen auf dem Rande eines Manuskripts der Bodlejana; die Männer sind mit Köpfen von Hirschen, Wölfen und Bären dargestellt, haben also eine unverkennbare Aehnlichkeit mit dem Gefolge des Comus. Andere Quellen, auf welche Milton's Dichtung zurückzuführen ist, sollen weiter unten ausführlich besprochen werden.

Das Sujet unsres Stücks ist über die Maßen einfach, wie dies schon durch den Charakter eines Maskenspiels bedingt wird. Eine Jungfrau, die Tochter des Lord-Präsidenten, geräth in die Gewalt des Comus, wird von ihren Brüdern unter Mitwirkung eines Schutzgeistes befreit und zuletzt durch den Beistand der Flußnymphe Sabrina vom Zauber erlöst. Der schützende Genius (the Attendant Spirit) war vom Dichter selbst in der ersten Bühnenanweisung mit den Worten: A guardian spirit or dæmon, und im Verlauf der Handlung abwechselnd als guardian dæmon und einfach als dæmon bezeichnet worden. Bekanntlich besagt das Wort demon (dæmon) bei den Engländern jetzt geradezu einen Teufel, und Milton hat vielleicht durch seine an Vorstellungen der Platoniker wie andrerseits der Kirchenväter angeschlossenen Verse Par. Reg. II, 121 ff. vorzugsweise beigetragen, die jetzt übliche Bedeutung desselben zu fixiren. Es lag dem ursprünglichen Ausdruck eine halb platonische*), halb moderne Anschauung zu Grunde; ob der Verfasser selbst, oder der Herausgeber um der Deutlichkeit willen den dienenden Schutzgeist (the Attendant Spirit) an die Stelle gesetzt habe, läßt sich kaum entscheiden. Dieser Schutzgeist nun tritt herein oder schwebt herunter, wenn die Maschinerie es zuläßt (descends or enters, cf. Masson l. c. p. 574), und spricht einen Prolog, der eine unverkennbare Aehnlichkeit mit den Prologen so vieler Dramen des Euripides besitzt. Wie Euripides, zum Theil veranlaßt durch seine willkürlichen Umänderungen des überlieferten Mythus, den Zuschauern in dem Prolog, der häufig einem Gotte zugetheilt wird, über die ganze Situation Aufschluß zu geben pflegt; so belehrt uns auch Milton durch den schützenden Genius, daß in dem wilden Walde, welcher zu Anfang die Scene bildet, Comus in der schon beschriebenen Art und Weise sein Wesen treibt. Zugleich wird die sittliche Idee, um welche sich das ganze Gedicht dreht, schon angedeutet in den Worten (v. 6—15):

  (Men) with low-thoughted care,
  Confined and pestered in this pin-fold here,
  Strive to keep up a frail and feverish being,
  Unmindful of the crown that Virtue gives,
  After this mortal change, to her true servants
  Amongst the enthroned Gods on sainted seats.
  Yet some there be that by due steps aspire
  To lay their just hands on that golden key,
  That opes (Ms. shews) the palace of eternity.
  To such my errand is.

Der Schutzgeist hat vom Herrscher der Götter den Befehl erhalten, die Kinder des Lord-Präsidenten, vor Allem natürlich die Jungfrau, auf ihrer Wanderung durch den Wald des Comus zu beschirmen; zu diesem Zwecke legt er sein himmlisches Gewand ab und hüllt sich in die Tracht eines ländlichen Knechts. Als er darauf Comus mit seinem wilden Troß kommen hört, zieht er sich zurück. Wahrscheinlich herrschte schon während des Monologs zu Anfang des Stücks auf der Bühne nächtliches Dunkel, so wie es der nun folgende Auftritt voraussetzt, und vielleicht erblickte man flimmernde Sterne in der Höhe, auf welche die Schauspieler bei einzelnen

---

*) Vgl. besonders Epinom. p. 984, d, δαίμων, αἴμων γένος.

Versen hinweisen mochten; schon v. 1 wäre dies zulässig, besonders aber würde es den Eindruck der Stelle v. 112 ff. erhöhen. Die nächste Scene zeigt uns Comus selbst mit seinem Zauberstabe in der einen Hand und dem Krystallbecher in der andern. Ihm folgt ein wilder Schwarm von Männern und Frauen mit Thierköpfen in Prunkgewändern, alle Fackeln schwingend. Die Fackeln gehören, wie man aus den Stücken Ben Jonson's sieht, wesentlich mit zum Kostüm und Apparat der Maskenspiele; sie stammten aus den zu Anfang des 16. Jahrhunderts in England eingeführten italiänischen Masqueraden. Vgl. meinen Aufsatz über Ben Jonson's Maskenspiele in Herrig's Archiv für das Studium der neuern Sprachen, XXVII. p. 60. Zu der Bühnenanweisung des Manuskripts findet sich noch der Zusatz: They come on in a wild and antick fashion. Instrant Κωμάζοντες.

Eine durchaus lyrische, wonnetrunkene Anrede des Comus an seine Genossen, welche in kürzern gereimten Versen verfaßt ist (v. 93—144), fordert dieselben auf, ihr gewöhnliches Nachtfest zu beginnen, ehe der eigensinnige Morgen (the nice Morn) sie überrasche und der Alles offenbarenden Sonne ihre verstohlene Feier entdecke; er ruft darin Cotytto an, die tief verschleierte Göttin der nächtlichen Lustbarkeit, und bittet sie, ihren Priestern bei der Verrichtung ihres Dienstes hold zu sein. Nun beginnen sie ihre Orgien mit phantastischem Tanze (The Measure, in a wild, rude, and wanton antick, Ms.); da vernimmt der Zauberer leise Tritte und ahnt vermöge seiner Kunst sofort ein keusches Wesen. Unverzüglich läßt er den Tanz abbrechen, befiehlt seinem Schwarme sich im Gebüsch zu verstecken, und streut, um die Augen der nahenden Jungfrau zu täuschen, seinen magischen Staub in die Luft. Der Ausdruck dazzling spells v. 154 (im Ms. powder'd spells) hat Masson zu der sehr wahrscheinlichen Vermuthung geführt, daß bei der Aufführung, während der Schauspieler die Bewegung des Werfens machte, ein plötzlich über die Bühne strömendes blaues Licht den blendenden Zauberstaub angedeutet habe. l. c. p. 577. Comus will auf diese Weise das Gesicht der Jungfrau verwirren und ihr als harmloser Landmann erscheinen, damit er sie mit trügerischen Worten zu berücken im Stande sei. Sie harrt vergebens auf die Rückkehr ihrer beiden Brüder, die bei eintretender Dämmerung sich von ihr getrennt haben, um im Walde Beeren und kühlende Früchte zu suchen, aber noch nicht zurückgekehrt sind. In einem schönen, an die Kühnheit Shakspere's streifenden Bilde heißt es, das neidische Dunkel werde sie ihr geraubt haben; die Sterne, welche die Natur als freundliche Lämpchen an den Himmel gehängt und mit ewigem Oel gefüllt, um die verirrten Wanderer zu leiten, seien von der diebischen Nacht mit verrätherischer Absicht in ihre dunkle Blendlaterne eingeschlossen*). (v. 194—200.) Wenn, wie wir vermutheten, in der vorhergehenden Scene die Sterne wirklich sichtbar waren, so müssen sie inzwischen erloschen sein. Der Verlassenen schien der Jubelschrei des Schwarms von trunknen Landleuten herzurühren; sie fürchtet Gefahr für sich von ihrer Rohheit. Düstere Schreckensbilder beunruhigen ihre Einbildungskraft; die Schatten des Waldes scheinen ihr zu winken, mit lustigen Stimmen ihr Worte zuzuflüstern. Jedoch fehlt es ihr diesen Schrecknissen gegenüber keineswegs an tröstlicher Zuversicht. v. 210 ff.:

These thoughts may startle well, but not astound
The virtuous mind that ever walks attended
By a strong-siding champion, Conscience.
Oh! welcome pure-eyed Faith, white-handed Hope
Thou hovering angel girt with golden wings,
And thou unblemished form of Chastity!
I see ye visibly, and now believe
That He, the Supreme God, to whom all things ill
Are but as slavish officers of vengeance,
Would send a glistering guardian (Ms. cherub),
                if need were,
To keep my life and honour unassailed.

Statt vss. 214—216 findet sich im Ms.:

Thou hittering angel girt with golden wings,
And thou unspotted forme of chastity,
I see ye visibly, and while I see yee
This duskye hollow is a Paradise.
And heaven gates ore my head: now I be-
                leeve — —

Die Jungfrau sieht, gleichsam als ein vom Himmel ihr gesandtes Zeichen, eine dunkle Wolke sich mit silbernem Lichte säumen. Die Worte des Dichters (I did not err, there

---

*) Keightley bemerkt: This image is certainly rather undignified, and especially in the mouth of a lady!

does etc. v. 233.) laſſen uns nicht zweifeln, daß man dies wirklich dargeſtellt habe, zumal da Ben Jonſon einen ſolchen ſceniſchen Effekt genau beſchreibt. The Masque of Blackness p. 546, Gifford's ed. Lond. Moxon 1838. At this the Moon was discovered in the upper part of the house, triumphant in a silver throne, made in figure of a pyramis. Her garments white and silver, the dressing of her head antique, and crowned with a luminary, or sphere of light: which striking on the clouds, and heightened with silver, reflected as natural clouds do by the splendor of the moon. The heaven about her was vaulted with blue silk, and set with stars of silver, which had in them their several lights burning. Der letzte Satz beſtätigt unſre oben ausgeſprochne Vermuthung, daß auch das Glänzen der Sterne ſceniſch nachgeahmt ſei.

Neubelebt läßt die Jungfrau, in der Hoffnung ihre Brüder ſeien nicht fern, damit ſie ein Zeichen von ihr vernehmen, ihre Stimme zu einem Geſange an die Nymphe Echo (v. 230 bis 243) erſchallen. Jetzt tritt Comus ein, noch unbemerkt, und legt von dem Eindruck, welchen die Schönheit und Unſchuld nie verfehlt ſelbſt im roheſten Sinnenmenſchen hervorzubringen, ein beredtes Zeugniß ab. Ein heiliges Etwas, ſagt er, müſſe in ihrer Bruſt wohnen, das die melodiſche Luft mit ſo entzückendem Klange zu erfüllen vermöge; dieſes Lied habe nicht wie die Geſänge ſeiner Mutter Circe und der Sirenen den Geiſt lieblich eingeſchläfert oder in ſüßem Wahnſinn ſeiner ſelbſt beraubt; nie zuvor habe er eine ſo geheiligte Wonne mit dem Bewußt- ſein ruhigen Wachens in tiefſter Seele empfunden. Er wünſcht die Jungfrau zu ſeiner Königin zu machen und begrüßt ſie mit ſchmeichleriſcher Rede als die Göttin des Waldes. Indem ſie ſchüchtern ſein Lob zurückweiſt und erklärt, was ſie bewogen habe, die holde Echo zu wecken und um Antwort zu bitten, ſchildert ſie ihre unglückliche Lage. Comus ſucht ſich immer mehr in ihr Vertrauen einzuſchmiegen, indem er ihr vorſpiegelt, er habe die Brüder geſehen, und ſie zu denſelben zu führen verſpricht. Der Dialog beider iſt bemerkenswerth wegen einer 14 Verſe hindurch ſtreng feſtgehaltenen Stichomythie. (v. 277—290.)

Während Comus die Jungfrau angeblich zu ihren Brüdern geleitet, irren dieſe beſtürzt im Walde umher. Der jüngere von den beiden iſt ganz von Angſt für ſeine Schweſter erfüllt, weniger wegen der Nacht und des Waldes, als weil ihre Schönheit lüſterne Menſchen zum Frevel reizen möchte. Sein älterer Bruder, welchen der Dichter nicht nur kräftiger und be- ſonnener auftreten läßt, ſondern zugleich auch als Jünger der „göttlichen Philoſophie" (v. 476) ſchildert, macht dagegen den niemals zweifelhaften Sieg ſittlicher Reinheit über Verführung, ja über rohe Gewalt, die unbedingte Selbſtgewißheit einer tugendhaften Geſinnung geltend. v. 381 ff.:

He that has light within his own clear breast
May sit i' the centre, and enjoy bright day;
But he that hides a dark soul and foul thoughts,
Benighted walks under the midday sun; (Walks in black vapours, though the noon-tide brand
Himself is his own dungeon.   Blaze in the summer-solstice. Ms.)

Das Geſpräch der Brüder (v. 331—480) iſt ſehr gedehnt, beſonders durch die ausführlich vorgetragenen Philoſopheme des ältern, welcher die heilige Macht und Unverletzlichkeit des reinen Jungfrauthums, eine moderne Anſchauung, durch allegoriſche Deutung griechiſcher Gottheiten ſtützt und mit Anſichten Plato's in Verbindung zu ſetzen weiß.

Jetzt erſcheint der ſchützende Genius den Brüdern in der Geſtalt des Thyrſis, eines Schäfers in ihres Vaters Dienſt, macht ſie auf die ihrer Schweſter vermöge des Zaubers dro- hende Gefahr aufmerkſam, beſchreibt, wie er ſelbſt unter magiſchem Schutze den Comus belauſcht habe, und verheißt ſeinen Beiſtand zum Werke der Befreiung. Dem Moly in der Odyſſee (cf. Milt. Elegiarum liber, I, 87 f.) hat Milton ein Zauberkraut Haemony nachgebildet, deſſen Name von Haemonia (Theſſalien) als Sitze der Magie entlehnt iſt. Vgl. Milt. El. 2, 7.

O dignus tamen Haemonio juvenescere succo,
Dignus in Aesonios vivere posse dies; mit Ov. Met VII. 264 f.

Mit dem Schäfer, welchem Thyrſis jene Pflanze zu verdanken vorgab (v. 619 ff.), ſoll der Dichter nach Keightley (Anm. zu v. 619 und Life, Opinions, and Writings of J. Milton p. 104) seinen Freund Charles Diodati haben bezeichnen wollen, so wie er ihn — dies sagt er selbst — nach seinem Tode als Damon verherrlicht hat. (Epitaphium Damonis.)

Nachdem die Jünglinge von Thyrsis geführt zur Rettung ihrer Schwester gegangen sind, zeigt sich durch einen Scenenwechsel ein herrlicher Palast unsern Blicken. Alles ist prunkhaft verziert; die Tische tragen köstliche Speisen, und sanfte Musik wiegt die Sinne ein. Die Jungfrau ist bewegungslos wie eine Statue in einen Zaubersessel gebannt; doch bemüht sich Comus umsonst, sie zum Genuß des dargebotenen Trankes zu bewegen. Beide fechten in der nun folgenden Scene (v. 669—813) gleichsam einen Rechtsstreit aus zwischen Sinnenglück und Sittengesetz, welcher mit den eigenthümlichen, proceßartigen Erörterungen von Gegensätzen (δισσῶν λόγων ἀγῶνες) in den Tragödien des Euripides eine unverkennbare Aehnlichkeit darbietet. Die widerstreitenden Principien sind scharf aus einander gehalten; Hedonismus und puritanische Strenge (vgl. v. 766 f.) treten sich schroff gegenüber. Zugleich entdecken wir hier, so zu sagen, den ersten Ansatz zu den republikanisch-socialistischen, mit unerbittlicher Consequenz durchgreifenden Ansichten Milton's in den Versen 768—774. Diese Verse haben insofern Bedeutung für die Biographie des Dichters und lassen sich parallelisiren mit der bekannten Prophezeiung vom Untergang der verderbten anglicanischen Geistlichkeit im Lycidas, v. 113—131. Mit wohlredender Sophistik versteht es Comus, die Rechte der Sinnlichkeit durch Hinweisung auf den Reichthum der gütigen Natur zu begründen, die ungenossen in ihrer eignen Fülle ersticken würde; daran knüpft er die Ermahnung, daß die Schönheit zur Theilnahme an gegenseitigem Liebesglück bestimmt sei. Doch die Jungfrau! Sie kann sich nur mit Mühe entschließen, in so unheiliger Lust ihre Lippen zu öffnen; allein der Zauberer soll nicht wähnen, er habe ihre bessere Einsicht zugleich mit den Organen der Sinne gefesselt, darum weist sie seine Scheingründe zurück. Ihr gilt die unschuldige Natur als eine sparsam zumessende Haushälterin (good cateress, v. 764), deren Gaben nur den Edeln zu Gute kommen sollen, nicht zur Vergeudung durch Schlemmer bestimmt sind, so daß noch obenein der Allerhalter sich des gebührenden Danks beraubt sehe. Soll aber sie, die Reine, den Verächter des mit Sonnenlicht umkleideten Wesens der Keuschheit mit Worten strafen? Ihm fehlt das Ohr, ihm fehlt die Seele, um das hohe Geheimniß, die ernste Lehre der Jungfräulichkeit (v. 785, 787) begreifen zu können. Sonst müßte das Recht der guten Sache sie zu einem solchen Feuer hinreißen, daß die todte Erde aus Mitgefühl ihre Sehnen spannen und jenen unter den Ruinen seines Zauberschlosses begraben würde. Der Falsche schauert bei diesen Worten im Innern zusammen und sieht das Truggewebe seiner Rede zerrissen; dennoch fährt er fort, die Jungfrau zum Genusse seines Tranks zu drängen. Allein ihre Brüder stürzen mit gezogenem Schwerte herein, entwinden das Zauberglas seiner Hand und zerschmettern es am Boden. Sein Schwarm will sich zur Wehr setzen, aber alle werden fortgetrieben. Doch hat Comus seinen Stab behalten, durch den die Verzauberung sich würde heben lassen. Da erinnert sich der nach dem Siege herbeigekommene Schutzgeist an Sabrina, die Göttin des nahen Severnestromes. Nach einer englischen Sage, welche dem griechischen Mythus von Britomartis entspricht, aber gleich vielen deutschen Lokalsagen ähnlicher Art gewiß ganz unabhängig davon entstanden ist, hatte Sabrina, des Locrinus jungfräuliche Tochter und Enkelin des von Aeneas abstammenden Brutus, sich der Grausamkeit ihrer Stiefmutter Guendolen durch die Flucht entzogen und zuletzt in den Fluß Severn gestürzt, zu dessen Göttin sie erhoben wurde.*) Sie konnte daher als natürliche Beschützerin bedrängter und verfolgter Jungfrauen gelten. Der Gesang, in welchem der vermeintliche Thyrsis Sabrina zur Rettung beschwört, setzt sich nach Masson's Ausdruck in einer Ode fort. (The lyric prolongs itself in an ode continuing the adjuration, p. 583.) Ob diese Verse vielleicht als Recitativ vorgetragen wurden? Die kurze Angabe der von Lawes componirten Theile des Comus in Todd's Ausg. IV. p. 51 erwähnt nur Sabryna Fayre**); auch in Bezug auf die Ansprache des Comus an seine Genossen v. 93 ff. bin ich zu derselben Vermuthung geneigt. Aus dem Manuskripte der Compositionen können wir hierüber keinen Aufschluß gewinnen, da Lawes aus der Stelle jener Verse einen Theil des

---

*) Warton bei Todd, Anm. zu v. 824, citirt u. A. Drayton (Polyolb. Song 6) und Spenser (F. Q. II, 10, 17—19). Der leztere erzählt die Sage mit geringen Abweichungen.

**) Da die Angabe des Gesangs der Sabrina v. 990 ff. gänzlich auslaßt, so verliert sie an Gewicht.

Schlußgesangs v. 976 ff. gesetzt hat. (Masson p. 574, Anm. 2.) Die iambischen Dimeter v. 867 ff. zeichnen sich durch die Milton eigenthümliche und von Macaulay in den Lays of Ancient Rome mit Glück nachgeahmte Benutzung klassischer Namen zu dem Zwecke aus, daß ihr Klang bei der musikalischen Behandlung des Versbaues mit volltönender Resonanz das Ohr erfülle.*)

Die Göttin steigt nun, eine Monodie singend, aus dem Boden der Scene, wie aus ihren Wellen empor; sie besprengt den Busen der Jungfrau mit Tropfen Wassers aus ihrem reinen Quell, berührt ihr dreimal die Fingerspitzen, dreimal ihre Lippen, und legt zuletzt die feuchte kalte Hand auf den vom Zauber glühenden Sessel; da ist die Jungfrau erlöst. Während sie sich erhebt, eilt die göttliche Nymphe zur Amphitrite fort. Der schützende Genius, welcher die Rolle des Thyrsis nicht länger festhält, fleht um Segen und Glück für die Saverne und erbietet sich die Geschwister zu ihren Eltern zu geleiten. Die Rede, in der dies geschieht (v. 922 ff.), ist gleich den unmittelbar darauf folgenden Gesängen des Schutzgeistes (958—975) und dem ganzen Schlusse des Stücks in gereimten trochäischen Dimetern, jedoch hin und wieder mit eingestreuten iambischen Versen verfaßt. Durch einen neuen Scenenwechsel sind wir plötzlich nach Ludlow versetzt, wir erblicken die Stadt und das Schloß des Präsidenten, und Landleute feiern die Ankunft der Geretteten durch frohe Tänze. (Country dances and such like gambols, Ms.) Zwischen die beiden Gesänge des schützenden Genius, von denen der erstere die Landleute ermahnt zurückzutreten und einem leichteren, von Mercur mit den Dryaden erfundenen Reigen Platz zu machen, während er mit dem letztern die Kinder ihren Eltern zuführt, war, wie ich vermuthe, ein Tanz der Geschwister eingelegt. Obgleich es nicht angegeben ist, scheinen doch die Verse 960 ff. bestimmt, einen wirklichen Tanz einzuleiten; zumal erhellt dies, wenn man sie mit den ähnlichen, diesem Zwecke dienenden Versen Ben Jonson's in der Masque "The Vision of Delight" s. f. vergleicht:

In curious knots and mazes so etc. (p. 606, Gifford's ed. Lond. Moxon 1859.)

Eine Bestätigung des Gesagten liegt noch in der Bühnenanweisung zu v. 976: The dances ended, the Spirit epiloguizes; ja diese scheint vorauszusetzen, daß die drei mit gemessenen Tanzbewegungen ihren Eltern zueilten.

Den Epilog bildet ein längerer Hymnus des Schutzgeistes (v. 976 ff.), dessen Anfang mit vierfachem Reim an den Gesang Ariel's im 5. Akte des Sturms (Where the bee sucks, there suck I, cf. v. 980) ziemlich deutlich anklingt. Die Bühnenanweisung der Handschrift lautet: The Dæmon sings or says. Daraus scheint hervorzugehen, daß Milton den ganzen Epilog ursprünglich als Gesang beabsichtigt, es dann aber für die Aufführung freigestellt habe, ob man denselben als Lied oder declamatorisch vortragen wollte. Nach der Uebersicht der Lawesschen Compositionen l. c. und der eben angeführten Bühnenanweisung der Ausgaben (the Spirit epiloguizes) wurden zu Ludlow die Verse bis 1011 gesprochen; dagegen aber sang der Schutzgeist, was die gewöhnlichen Ausgaben sonderbarer Weise unerwähnt lassen, den in zwei Strophen abgetheilten Schluß des Ganzen:

But now my task is smoothly done,	Mortals, that would follow me,
I can fly, or I can run	Love Virtue, she alone is free.
Quickly to the green earth's end	She can teach you how to climb
Where the bowed welkin slow doth bend;	Higher than the sphery chime;
And from thence can soar as soon	Or if Virtue feeble were,
To the corners of the moon.	Heaven itself would stoop to her.

Masson (p. 585) setzt hinzu: "With these sounds left on the ear, and a final glow of angelic light on the eye, the performance ends, and the audience rises and disperses through the

---

*) Moderne Flußnamen sind in ähnlicher Weise verwandt am Schlusse des Gedichtes At a Vacation-exercise. Vgl. Macaulay, essay on Milton (people's edition, Lond. 1856, Vol. I. p. 6): "In support of these observations we may remark, that scarcely any passages in the poems of Milton are more generally known or more frequently repeated than those which are little more than muster-rolls of names. They are not always more appropriate or more melodious than other names. But they are charmed names. Every one of them is the first link in a long chain of associated ideas. etc."

castle." Die Verse scheinen in der That bestimmt, nicht nur mit den Schwingungen ihrer Töne das Ohr des Hörers zu treffen, sondern lange in seiner innersten Seele nachzuhallen.

Es dürfte hier der passendste Ort sein, den Kunstwerth des ganzen Werkes und die Ansichten, welche die englischen Kritiker und Litterarhistoriker darüber ausgesprochen haben, einer wenn gleich kurzen Betrachtung zu unterwerfen. Die Hauptschwierigkeit einer gerechten Würdigung besteht darin, daß man nicht weiß oder schwankt, welchen Maßstab man anlegen solle. Der äußere Zuschnitt ist der eines Maskenspiels; doch während wir geneigt sind, einem solchen bei seinem leichten und arabeskenartigen Entwurfe so viel als irgend möglich zu Gute zu halten, ist Milton's Dichtung zu ernst, um eine ähnliche Immunität beanspruchen zu können. Als ein streng dramatisches Werk hinwieder läßt sich der Comus auch nicht ansehen; denn, abgesehen von den eingelegten Tänzen und den lyrischen Partien, fehlt es ihm vor Allem an eigentlicher Handlung, es fehlt ihm ferner an bestimmter Zeichnung der Charaktere, endlich am specifisch dramatischen Stil. Wir tragen aber eine gewisse Scheu, diese Forderungen in aller Schärfe geltend zu machen, wir fürchten dem Dichter damit Unrecht zu thun, da er kein wirkliches Drama zu liefern beabsichtigt hat. Der erhabene Schwung, mit dem er seine ethischen Gedanken vorträgt, und andrerseits die zierliche Anmuth der Lyrik entschädigen uns für das mangelnde dramatische Interesse und bestechen uns zu Gunsten des Dichters. Allein die ästhetische Beurtheilung darf sich weder von der Schönheit des Einzelnen blenden, noch willig finden lassen, die Form vom Inhalt zu trennen. Unsre Verlegenheit, mit welchem Maße wir den Comus messen sollen, ist die beste Kritik desselben. Sowohl was die liebliche Sprache als die Charakteristik und das zwitterhafte Wesen der ganzen Anlage betrifft, paßt darauf die Schilderung des Puteanus (p. 16): 'Tanquam ex confinio lucis et umbrae, ipsum Gratiarum et Lubentiarum omnium simulachrum emergere mihi visum. Vestis vultusque Androgynum indicabant.

Bei dem kanonischen Ansehen, welches Milton in seinem Vaterlande genießt, darf es uns nicht wundern, daß viele englische Kritiker eine, wir können wohl sagen blinde Vorliebe für den Comus an den Tag gelegt haben.*) Eine scharfe Beurtheilung dagegen hat das Werk von Dr. Johnson**) erfahren, der zwar seiner Organisation nach wenig geeignet war, Schöpfungen der dichterischen Phantasie unbefangen zu würdigen, aber doch vermöge seines derben und hausbacknen Verstandes häufig das Richtige traf, wo er nicht durch religiöse und politische Vorurtheile bestimmt wurde. Das Auffallendste in seiner Kritik des Comus ist das endgültige Urtheil, das Werk sei tediously instructive: da ja Johnson bekanntlich sonst moralische Gesichtspunkte bei ästhetischen Fragen vorwalten ließ und eine gute Dosis des Instructiven vertragen konnte. Die falsche Einmischung des moralischen Elements zeigt sich bei dem vorliegenden Falle besonders in folgendem Satze: "The song of Comus has airiness and jollity; but what may recommend Milton's morals as well as his poetry, the invitations to pleasure are so general, that they excite no distinct images of corrupt enjoyment, and take no dangerous hold on the fancy." Das Factum, daß uns kein deutliches Bild von den wüsten Ausschweifungen des Comus gegeben wird, ist ganz richtig, aber keineswegs der daraus gezogene Schluß. Wir müssen vielmehr sagen, die Charakteristik des Comus leidet unter dieser Unbestimmtheit; so wie schon im Obigen angegeben ist, daß sich eine falsche Idealifirung dabei einmischt. Comus und sein Schwarm hätten einer derberen Zeichnung bedurft, und um wieder unser sittliches Gefühl damit zu versöhnen, würde sich eine humoristische Behandlung als geeignetes Auskunftsmittel dargeboten haben. Mit seinen übrigen Ausstellungen hat Johnson zum großen Theil Recht. Er weist den undramatischen Charakter des Werks durch eine Analyse der Handlung im Einzelnen nach, übertreibt aber hin und wieder in seinen Behauptungen, oder richtet die Darstellung nach schlagendem, ja komischem Effect ein. Daß die Brüder ihre ohnmächtige Schwester verlassen, findet er unvernünftig; doch diesen Einwand hat T. Warton (bei Todd p. 178) schon genügend beseitigt. Als jene auftreten, sagt Johnson ferner, zeigen sie zu viel Seelen-

---

*) Die Urtheile der bedeutendsten früheren Kritiker sind zusammengestellt in Todd's Ausg. IV. p. 175—179.
**) S. die Biographie Milton's in dem Werke "The Lives of the Poets." The Works of Samuel Johnson, LL. D. Bohn's ed. Lond. 1854. Vol. I. p. 46.

ruhe; „nachdem sie die Befürchtung ausgesprochen, daß ihre Schwester sich in Gefahr befinde, „und wieder ihre Hoffnung, daß dem nicht so sei, hält der ältere eine Lobrede auf die Keusch- „heit, und der jüngere findet es recht schön, ein Philosoph zu sein. Dann steigt der Schutzgeist „in Gestalt eines Schäfers herab; und der Bruder, statt ihn schleunig um Beistand zu bitten, „lobt sein Singen und erkundigt sich, was er dort zu thun habe. — — Der Schutzgeist be- „richtet, die Jungfrau sei in der Gewalt des Comus; ihr Bruder moralisirt wieder, und jener „gibt eine lange Erzählung zum Besten, die als ganz unnütz erscheint, weil sie falsch und daher „für ein gutes Wesen nicht angemessen ist. In allen diesen Theilen ist die Sprache poetisch, „die Gedanken sind edel; aber es fehlt etwas, um die Aufmerksamkeit zu spannen (to allure „attention)." Warum ist Johnson nicht noch consequenter und tadelt den Schutzgeist, daß er überhaupt eine fremde Rolle spiele? Die an ihn gestellte Forderung unbedingter Wahrhaftigkeit vergißt, daß Poesie „die Täuschung, die sie schafft, aufrichtig selbst zerstört." Was hingegen über die unerklärliche Ruhe des ältern Bruders bemerkt ist, der zu seinen philosophischen Erörte- rungen wahrlich keine Muße finden sollte, läßt sich nicht wegdisputiren. Warton muß den Tadel gelten lassen; er sucht den Fehler nur zu beschönigen, indem er hinzufügt, wir dürfen nicht zu ängstlich auf die Erfordernisse der Situation achten, noch von der Voraussetzung ausgehen, als ob Milton ein dramatisches Stück habe schreiben wollen. „Diese glänzenden Einschiebsel werden unabhängig vom Süjet gefallen, aus welchem sie jedoch hervorgehen; ihre Pracht und Erhaben- heit überwiegt den Einwurf, daß sie nicht am Platze seien." Todd deutet darauf hin, daß der ältere Bruder den Befürchtungen des jüngern gegenüber durch seine Philosopheme die Hoffnung auf Sicherheit ihrer Schwester zu begründen suche, womit er noch keineswegs beweist, so lang ausgesponnene und aus diesem Grunde müßige Reden seien der Situation angemessen; erst recht schlimm aber macht er es durch den Zusatz: "while he beguiles the perplexity of their own situation." Doch zurück zu Dr. Johnson! Den Wortstreit zwischen der Dame und Comus erklärt er mit Recht für die am meisten belebte und ergreifende Scene des Drama's und meint, es fehle darin nichts als ein frischerer Wechsel von Einwänden und Entgegnungen, um die Auf- merksamkeit zu fesseln. Auch in Bezug auf diesen Mangel können wir uns seiner Kritik an- schließen, so wie wir überhaupt seine Ansicht theilen, daß fast alle Reden im Stücke zu lang seien, daß sie der Munterkeit eines durch gegenseitige Reibung belebten Dialogs entbehren und vielmehr Declamationen über moralische Fragen zu sein scheinen, die der Redende mit Ueberlegung ab- gefaßt habe und in aller Form wiederhole. Der Schutzgeist, bemerkt Johnson sodann, wendet sich mit seinem Prologe, den er im wilden Walde hält, unmittelbar an die Zuschauer; auch dies ist, wenn man es streng nimmt, zu tadeln, obgleich Milton allerdings den Vorgang des Euripides für sich hat. Wenn Warton im Gegensatz zu Johnson darauf fußt, daß man den Comus gar nicht mit der Erwartung dramatischer Angemessenheit lesen dürfe, so hat der letztere schon dem Werke als einer Reihenfolge von Versen (a series of lines), wie er sich mit schneidender Schärfe ausdrückt, hohes Lob ertheilt. Freilich nimmt er dasselbe zum Theil wieder zurück in den Schluß- sätzen: "The songs are vigorous, and full of imagery; but they are harsh in their diction, and not very musical in their numbers. Throughout the whole, the figures are too bold, and the language too luxuriant for dialogue. It is a drama in the Epick style, inelegantly splendid, and tediously instructive." Statt jedoch, wie er will, den Vortrag für episch zu erklären, werden wir ihn richtiger als lyrisch bezeichnen. Daß die Sprache für den Dialog zu reich, das Ganze mit Pracht überladen sei, können wir zugeben, jedoch wieder nur insofern man das Werk als Drama betrachtet. In Bezug auf die Kühnheit der Bilder aber und den an- geblich unmusikalischen Rhythmus der Lieder bestreiten wir auf das Entschiedenste, daß Johnson ein competenter Beurtheiler gewesen sei, und erinnern einmal an seine Shakespeare-Kritik, andrerseits an die Bemerkungen über Milton's Versbau im Rambler, No. 88. (British Essayists, Bohn's ed. Lond. 1850. Vol. II. p. 151 f.; Works Vol. I. p. 151 f.)

Hallam's Kritik*) können wir als bekannt voraussetzen, da sie in den meisten neuern Ausgaben Milton's dem Comus vorgedruckt ist. Es bedurfte nur dieses Werks, wie er sagt,

---

*) Introduction to the Literature of Europe in the XVth, XVIth and XVIIth Centuries. Vol. III. Ch. V. 59. p. 295 f. Baudry's ed. Par. 1837. ff.

um einen Jeden, der gebildeten Geschmack und richtiges Gefühl besaß, davon zu überzeugen, daß ein großer Dichter in England aufgetreten, ein Dichter, der zum Theil in einer andern Schule gebildet war als seine Zeitgenossen. Der große Litterarhistoriker gibt uns zu verstehen, daß Milton sich durch das Studium der Alten die klassische Eleganz angeeignet habe, welche den Comus vor ähnlichen Werken Ben Jonson's und John Fletcher's vortheilhaft auszeichne. Er hebt außerdem die würdevolle Haltung hervor und behauptet, kein Dichter jenes Zeitalters habe vermocht, einem solchen Stücke die durch den Gegenstand geforderte Hoheit, Reinheit und Strenge der Empfindungen zu verleihen. Milton habe — so fährt er fort — für den von ihm vermiedenen dramatischen Stil durch das glänzendste Farbenspiel der Bilder (the brightest hues of fancy) und die süßesten Melodien des Gesanges einen Ersatz geliefert. Wir pflichten dem Gesagten bei, finden jedoch den Ausdruck unglücklich gewählt in der Stelle: "He avoided, and nothing loth, *the more festive notes*, which dramatic poetry was wont to mingle with its serious strain." Etwas zu loben ist der darauf folgende Satz, worin es heißt, wir finden im Comus nichts Prosaisches oder Schwaches, keinen falschen Geschmack in Bezug auf die Handlung (no false taste in the incidents) und selten in der Sprache; wenigstens ist die Motivirung der Vorgänge, wenn sie auch gerade keinen falschen Geschmack verräth, doch immerhin die schwächste Seite am Stücke. Viel bedeutender ist Hallam's Schlußsatz: "The want of what we may call personality, none of the characters having names except Comus himself, *who is a very indefinite being*, and the absence of all positive attributes of time and place, enhance the ideality of the fiction by a certain indistinctness not unpleasing to the imagination." Die Unbestimmtheit der ganzen Umgebungen bildet allerdings ein poetisches Motiv im Comus; es ist die Unbestimmtheit einer Mondscheinlandschaft, deren trüb verschwimmende Gegenstände uns um so mehr beschäftigen, je weniger wir sie zu begrenzen vermögen. Ich habe schon früher darauf aufmerksam gemacht, wie dieselbe zu der Anlage des Stücks vollkommen stimmt. Daß der Comus ein nebelhaftes Wesen sei und daß es den übrigen Charakteren an bestimmter Persönlichkeit fehle, hat Hallam richtig gefühlt, wenn er dies gleich mit der schattenhaften Scenerie in Verbindung gesetzt und so gedreht hat, daß es scheint, als sehe er darin einen Vorzug und nicht vielmehr eine Schwäche der Dichtung. Ich möchte Hallam's Bemerkung nach einer andern Seite hin ergänzen. In dem ersten Auftreten des Comus liegt allerdings etwas Dämonisches; hier ist er wirklich der Sohn der Ἄλκη εὐπλόκαμος, δεινὴ θεὸς αὐδήεσσα. Allmälig aber wird er zum bloßen heuchlerischen und heimtückischen Verführer, der allerdings Zauber übt und mit dem äußern Apparat desselben umgeben ist, sich sonst aber wenig von menschlichen Charakteren der bezeichneten Art unterscheidet. Daneben macht ihn Milton zum Träger künstlich zusammengesetzter, sophistischer Argumente. Ferner ist es ziemlich gleichgültig, ob die Personen Namen führen oder nicht, denn auch im letztern Falle wäre es an und für sich wohl denkbar, daß ihr Bild deutlich hervorträte. Der Schutzgeist ließ von vorn herein keine Individualisirung zu, und darin liegt das Unpoetische eines solchen Wesens; aber bei der Jungfrau und ihren Brüdern vermissen wir feinere Nüancen der Charaktere um so mehr, da sie so allgemein gehalten sind und nicht gleich von vorn herein durch besondere Züge in die Augen fallen. Sie sind nur Gefäße, in welche der Dichter den ambrosischen Trank göttlicher Lehren eingegossen hat. Daß der jüngere Bruder nur Gefahren ahnen mag, der ältere dagegen Hoffnungen hegt und aus seinen Philosophemen Trost schöpft, reicht zu einer Charakteristik wirklicher Personen nicht aus; die Jungfrau vollends ist nichts als Jungfrau. Auf die Geschwister passen daher die Worte des alten Dichters: facies non omnibus una, nec diversa tamen.

Was Macaulay in seinem Aufsatz über Milton*) vom Comus sagt, enthält wenig Eigenthümliches. Er fällt ein durchaus ungerechtes Urtheil über Euripides, auf das ich hier nicht eingehen kann, charakterisirt das Verhältniß Milton's zu Tasso und Guarini und knüpft daran seine Bemerkungen über unser Maskenspiel. Daß er die schon mitgetheilten Ansichten früherer Kritiker nur mit andern Worten wiedergegeben, zugleich aber auf die Spitze gestellt habe, wird aus dem folgenden Auszuge hervorgehen: „Milton machte seine Masque zu dem,

---

*) Critical and Historical Essays, People's ed. Lond. 1857. Vol. I. p. 8.

„was sie ihrer Natur nach sein muß, zu einem wesentlich lyrischen, nur scheinbar dramatischen
„Werke. — Die Reden müssen als majestätische Monologe gelesen werden, und wer sie so ließ,
„wird von ihrer Beredtsamkeit, Erhabenheit und ihrem musikalischen Klange entzückt sein. Die
„Unterbrechungen des Dialogs jedoch legen dem Dichter einen Zwang auf, und stören die Illu-
„sion des Lesers. Die schönsten Stellen sind diejenigen, welche ihrer Form und ihrem Schwunge
„nach lyrisch sind. — Wenn Milton sich den Fesseln des Dialogs entwindet, wenn er der Mühe
„enthoben ist, zwei unverträgliche Stilarten zu verbinden, wenn er die Freiheit genießt sich ohne
„Rückhalt seiner chorischen Begeisterung zu überlassen, dann erhebt er sich über sich selbst." ꝛc.
In Bezug auf die Stichomythie, auf welche Macaulay's Bemerkungen mir nicht zu passen
scheinen, werde ich meine Ansicht weiter unten begründen.

Wir haben schon gesehen, daß sich Milton in der Schilderung des Comus und der von
ihm bewirkten Verzauberungen an den Mythus von Circe anschließt. Daß er auch moderne
Dichtungen vor Augen gehabt habe, soll im Folgenden nachgewiesen werden. Zunächst ist ein
Werk von Erycius Puteanus (Hendrik van der Putten,*) 1574—1646, seit 1606 Professor der
Eloquenz und klassischen Litteratur an der Universität zu Löwen) namhaft zu machen, welches
folgenden Titel führt: Eryci Puteani Comus, sive Phagesiposia Cimmeria, somnium. Lovanii
1608. Im Jahre 1634, also gleichzeitig mit der Abfassung des Milton'schen Comus, wurde
es in Orford abgedruckt, und Keightley (Life, Opinions, and Writings of J. Milton, p. 283)
findet es mit Recht wahrscheinlich, daß der Dichter ein Buch gelauft und gelesen habe, welches
einer Wiederveröffentlichung durch die Presse zu Orford für würdig gehalten war. Ich werde
nach einer kurzen Inhaltsübersicht desselben durch Anführung einzelner Stellen darzuthun ver-
suchen, daß es Milton nicht bloß vom Hörensagen gekannt, sondern wirklich benutzt hat, freilich
in der Weise, wie ein wahrer Dichter Quellen oder Leistungen von Vorgängern zu benutzen pflegt.

Der Gegenstand des größentheils in Prosa mit Einmischung von Versen verfaßten
Schriftchens des Erycius Puteanus ist die Schilderung eines Traumes, worin dem Verfasser
Comus, ein Hermaphrodit und Genius der Liebe und Heiterkeit, erscheint, sich als Herrscher im
ganzen, weiten Reiche der Lust bezeichnet und seine hedonistische Auffassung des Lebens kurz vorträgt. Als jener voll Entsetzen über den Redenden Flügel wünscht, um schnell zu enteilen,
wird er in eine Wolke gehüllt, sei es vom Zephyr oder vom Traume, fortgeführt in die Region
der Nacht, das Land der kimmerischen Männer. Indem die Wolke sich theilt, sieht er in einem
zurücktretenden Thale einen Wunderbau, den Palast des Comus. Sein Freund Aberba kommt
hinter ihm her und beide gehen dort ein, um sich unter den im Innern tobenden bacchantischen
Schwarm zu mischen. Es folgen ihnen Nacht, Finsterniß, Schlaf, Schweigen, Schrecken und
Graus, die sich jedoch am Eingange durch das Licht der Fackeln und den Glanz des Metalls
verscheuchen lassen. Drinnen breiten die Gottheiten der Liebe, Anmuth, Freude, Wonne und
Heiterkeit unter Scherz und Lachen ihr blühendes Reich aus. Ein Festmahl wird gefeiert, dessen
Theilnehmer maskirt sind; aber sie, die man für Menschen hält, heißt es, sind Wölfe, daunische
und gaetulische, durch ihren Biß gefährliche Ungeheuer, unter Maske und heuchlerischem Schein
verbergen sie ihre wahre Gesinnung. Weiterhin finden die beiden am Eingange eines Heilig-
thums einen Jüngling mit Amphora und Bechern stehen, die er den Eintretenden credenzt. Sie
gehen auch hier hinein, nachdem sie vom Wein getrunken. Aberba, neugierig die daselbst ver-
ehrten Gottheiten kennen zu lernen, erfährt auf seine Frage, es seien: Hortorum Deus, Vir-
ginensis (die in solcher Gemeinschaft wohl kaum am Platze ist), Subjugus (es soll wahrscheinlich
heißen Subigus), Prema, Pertunda. Cf. Aug. C. D. VI, 9, 3. Comus, dessen Bildniß ihn
halb im Lichte, halb im Dunkel, gleichsam im Streit der Nacht mit Fackeln darstellt, befindet
sich bei einem glänzenden Gelage mit allen Verfeinerungen des Luxus umgeben. Es kommt
nun noch ein Freund der beiden bisherigen Zuschauer, Tabutius, und weiterhin noch ein andrer
Namens Hyläus hinzu. Tabutius, ein Greis, der sich nach froh genossener Jugend der Weisheit zugewandt hat, setzt auseinander, daß Comus ein Tyrann des frischen Jünglings- und
Mannesalters sei und durch erheuchelte Freundlichkeit und Vorspieglung von Genüssen die Ge-

---

*) Masson p. 586 und Todd p. 39. Anm. nennen ihn Henri du Puy.

müther einnehme, sie aber entnerve, daß er die lautere Aufrichtigkeit verbanne und dem Schein und Trug dagegen Aufnahme gewähre und daß seine Genossen, Schwelgerei und Lüsternheit (Luxus et Lascivia), die Menschen knechten und alles Edle in ihnen ersticken. Die geweihte Feier zu Ehren des Comus führt den Namen Phagesia oder Phagesiposia (cf. Ath. VII, p. 275, a, b.), besteht also in einem bloßen Gelage; aber nach demselben wird auch Lascivia mit trunknem Tanze verehrt. Während des Festmahls singt Comus eine durchgehends in katalektischen iambischen Dimetern verfaßte Ode an die Mysten seines Dienstes. Dann fängt Tabutius an weitschweifig zu moralisiren und setzt dies mit geringer Unterbrechung fort. Die Themen, welche er behandelt, sind Trunkenheit, Unmäßigkeit im Essen, zahlreiche Gelage, Ungleichheit der Theilnehmer, Unterhaltungen bei Tisch; dann kommt der Tanz an die Reihe, die Kleiderpracht u. dgl. m. Von Seite zu Seite treten die Auseinandersetzungen immer langweiliger auf. Das Ende wird durch den gewöhnlichen Schluß unmäßiger Bankette, durch Lärm und Toben herbrigeführt, also gerade wie in Lucian's Lapithen. Während Alles drüber und drunter geht, verschwindet Comus, der sich verschmäht gesehen, mit Luxus und Lascivia. Nacht bricht herein, und der Träumende erwacht endlich zum neuen Genusse des Lichts.

Es erhellt aus diesem Auszuge, daß die beiden gleichnamigen Werke, was das Süjet betrifft, wenig mit einander gemein haben. Aber die Person des Comus bei Erycius Puteanus bietet allerdings eine ganz bestimmte Aehnlichkeit mit seiner Schilderung in Milton's Maskenspiele dar, insofern die äußere Erscheinung an Bacchus erinnert. Cf. p. 17 (der Originalausgabe): Caput rosis gemmisque distinctum et radiorum quadam majestate: coma in cirros cincinnosque digesta, odoribus perfusa, auram quoque imbuerat. (Cf. Milt. Com. v. 105 f., v. 608.) Er ist gestu mollis, aetate juvenis, ib. — — Laeva facem, dextra auratum roridumque Liberi lepore cornu complexus, identidem libabat etc. Cf. p. 37. Der herrliche Palast des Comus findet sich gleichfalls schon bei Puteanus. Auch paßt auf Milton's Comus die folgende Schilderung p. 52: — incautos ficta humanitas deludit. Etiam dico? Erst qui domum, qui hospitium falsis promissis adornabit; sed dicis aut moris, non amoris causa. Admittere sine damno beneficium non licet. Exulare Candorem et ingenuitatem Comus voluit, Fucum et Fallaciam civitate donavit. Die Stelle p. 36: "Quos homines putas, lupi sunt, et e Daunia Gaetuliave monstra morsu infesta" könnte leicht den Anlaß bieten zu einer Combination der Theilnehmer an den Festen des Comus mit den von Circe verwandelten Gefährten des Ulysses. Ferner entspricht die lyrische Anrede des Comus an seinen Schwarm Milt. Com. v. 93 ff. dem Liede, welches Puteanus seinen Dämon zu den in seine Mysterien Eingeweihten (Mystae, cf. v. 136, us thy — i. e. Cotytto's — vowed priests) singen läßt; zumal da das Versmaß in beiden, wenn auch nicht dasselbe, doch verwandter Natur ist. Bgl. p. 61, 62:

Condiscat ille fracto   v. 143 f. Come, knit hands, and beat the ground
Terram gradu pavire.   In a light, fantastic round.

— — novusque Mysta
Noctis, Merique Mysta.   v.125 ff. Come, let us our rites begin
Nil turpe, nilque factu   — 'T is only daylight that makes sin —
Foedum putet; latere   Which these dun shades will ne'er report.
Caliginis sub atrae
Velo potest opaco
Quod turpe, quodque foedum.
Quem non javet virenti?   v. 105 f. Braid your locks with rosy twine
Bacchique Cypridisque   Dropping odours, dropping wine.
Umbrare fronde frontem!   Mit den unmittelbar vorhergehenden Personificationen
Licebit et venusto   Meanwhile welcome Joy, and Feast,
Rorantium impedire   Midnight Shout, and Revelry,
Serto caput rosarum   Tipsy Dance, and Jollity,
Micantiumque florum.   vergleiche die Begleiter des Comus bei Put. p. 32. Amorum

Gratiae, Deliciae, Lepores ceteraeque Hilaritatis illices sequebantur: Voluptatem, Risum, Jocumque; p. 104. Scilicet post mensas, etiam lascivias sacra sunt, temulento motu obeunda.

In derselben Ode heißt es:

Delere sua severae
Naevos notasque mentis,
Naevos notasque frontis. —
Tristes abite curae:
Hic Gratiae decorae,
Hic Illices Amorum —
Hic Fervor et Juventas,
Lubentiaeque sunt hic.

v. 106 ff. Rigour now has gone to bed,
And Advice with scrupulous head.
Strict Age and sour Severity,
With their grave saws, in slumber lie.
v. 667 ff. Here dwell no frowns, nor anger; from these
gates
Sorrow flies far. See, here be all the pleasures
That fancy can beget on youthful thoughts etc.

Dazu kommen noch einige Sätze und Ausdrücke bei Puteanus, mit denen Stellen im Miltonschen Gedichte zusammenstimmen. Das meiste Gewicht lege ich auf folgenden Passus, p. 18: Ergo, cur non (tacita mecum querela muginabar) sic non vivimus hodie, et simplicissima voluptate Naturam matrem agnoscimus, quam Asiatico nunc ubique morbo fecimus novercam? (Cf. Plat. Menex. p. 237, b.) Milt. v. 725 ff. And we should serve him (the All-giver) as a grudging master, As a penurious niggard of his wealth, And live like Nature's bastards, not her sons etc. (Ms. Living as Nature's bastards.) Die Worte sind denen in einem Verse des Hebräerbriefes nachgebildet, welchen Bischof Newton darunter gesetzt hat (12, 8): But if ye be without chastisement, whereof all are partakers, then are ye bastards, and not sons. (cf. Plat. Pol. VII, 535, d.); der Gedanke aber erinnert an die Stelle des Puteanus. Man vergleiche außerdem Put. p. 22. Quae mortalium sine voluptate vita? poena est. Hanc, si sapere constituisti, fuge, illam carpe, et quem in finem benigna te Natura produxerit, cogita: non ut miserum dura virtute crucies animum, et e felicitatis contubernio proturbes; sed ut mollitie beës, ut suavitatibus lubentiisque omnibus irrigex foveasque, velut tenerrimam brevis vitae flammam. Milt. 710 f. Wherefore did Nature pour her bounties forth With such a full and unwithdrawing hand? 679 ff. Why should you be so cruel to yourself, And to those dainty limbs which Nature lent For gentle usage, and soft delicacy? 754. There was another meaning in these gifts.

Put. p. 26. Audebo fari: noctis aura quid nigrae
Potest, quid umbris obsitae formidines.
Si liberam potente virtus asserit
Mentem manu, si Candor atque puritas
Viraginisque dogmata Sapientiae.

Obgleich diesen Versen nicht gerade bestimmte Verse Milton's entsprechen, so enthalten sie doch die Lehre von der Freiheit der Tugend (p. 67. in sola Sapientia libertas est, in sola Virtute gloria), welche der ältere Bruder der Jungfrau vertritt (cf. v. 1019, Love Virtue; she alone is free), abgesehen von den v. 1 und 2. erwähnten und bei Milton häufig vorkommenden, durch die ganze Anlage seines Stücks bedingten Schrecken des Schattens und der Nacht; sogar das audebo fari ließe sich allenfalls mit v. 583—585 vergleichen. Endlich findet auch noch eine Analogie zwischen folgenden Stellen statt: p. 69. Remissione interdum opus: meliores acrioresque requieti surgunt. — v. 685 ff. the unexempt condition By which all mortal frailty must subsist, Refreshment after toil, ease after pain. — — p. 20. Me insolitum ac plane divinum melos totum hauserat; et victus dulcedine, jam nutabam in somnum, cum etc. p. 63. Convivae attoniti et velut extra se positi videbantur fugientem in auras harmoniam sensu errabundo sequi. — v. 26 f. Yet they in pleasing slumber lulled the sense, And in sweet madness robbed it of itself In Gegensatz zu home-felt delight.*)

---

*) Die obige Vergleichung habe ich unabhängig von den Bemerkungen angestellt, welche sich bei Todd (p. 59—62) finden und besonders auf Auszügen aus dem folgenden Werke beruhen: Remarks on the Arabian Nights Entertainments by Richard Hole, LL. B. Lond. 1797. Ich erhielt die Todd'sche Ausgabe erst, als der Druck dieser Arbeit schon begonnen hatte; jedoch habe ich noch zwei von mir übersehene Stellen nachgetragen. Die Zusammenstellung derselben bei Todd ist nicht vollständig.

Die englischen Kritiker haben außer dem eben besprochenen Werke auch auf ein Maskenspiel Ben Jonson's "Pleasure reconciled to Virtue" vom Jahre 1619 aufmerksam gemacht. Wenn man etwa einwendet, Milton könne es nicht zu Gesicht bekommen haben, da es erst nach dem Tode des Verfassers († 1637) veröffentlicht worden sei; so muß die Antwort lauten, Lawes war im Stande es ihm zu verschaffen. Daß auch Ben Jonson schon den Puteanus gekannt habe, scheint mir nicht bloß aus der von ihm eingeführten Person des Comus, sondern auch aus der Bühnenanweisung p. 607 (Gifford's ed. Lond. 1838) hervorzugehen. Die Idee, Menschen in Gestalt von Flaschen und Tonnen tanzend auf die Bühne zu bringen, dürfte wohl den Worten "ego suspicatus vasa quoque vivere et saltare ebria" (Put. Com. p. 64) entlehnt sein. Bei Ben Jonson trat jener nur als stumme Person auf. Aus einem Ephenhaine zu den Füßen des greisen Atlas wird er unter wilder Musik von Cymbeln, Flöten und Handpauken im Triumphe reitend hereingeführt, das Lockenhaar mit Rosen und andern Blumen bekränzt; seine Begleiter haben sich mit Ephenguirlanden geschmückt und führen in den Händen Thyrsusstäbe, die gleichfalls mit Epheu umwunden sind; einem derselben trägt man die Trinkschale des Hercules vor. Der Chor der Begleiter singt eine Hymne auf Comus den Bauchesgott und feisten Wanst (the Belly-god, the Bouncing Belly) und preist ihn als den Erfinder aller Künste und Werkzeuge, die auf Befriedigung des Magens, Kitzel des Gaumens und Erquickung einer durstigen Kehle berechnet sind. Er wird als Gott des fröhlichen Gelages (the god of cheer) angekündigt, zeigt sich seiner Gestalt nach als tüchtiger Schlemmer und erinnert uns theils an Silen, theils an den Herakles der griechischen Komiker. Die äußere Erscheinung desselben und der Panegyricus, den der Trinkschalenträger auf ihn im Zusammenhange mit dem Magen hält, indem er sich dabei derber Kraftausdrücke bedient, stimmt wenig mit dem vom holländischen Latinisten entworfenen Bilde eines seligenblickten, jugendlichen Genius der Tafelfreuden und sonstiger Genüsse, sondern mehr mit der Schattenseite überein, welche dieser in den Worten (p. 17.) angedeutet hat: Sed has delicias crebri acidique ructus, et onusti indicia ventris deformabant. Wir sehen also, daß Ben Jonson den Charakter, wie er von Puteanus geschildert war, zum Zwecke einer grotesk komischen Behandlung umgestaltete. Milton dagegen kehrte zu der ursprünglichen Auffassung wieder zurück, hob die von Ben Jonson nur in der Rede des Hercules und in gelegentlichen Ausdrücken (z. B. the voluptuous Comus, god of cheer, p. 608) beiläufig erwähnte wollüstige Zügellosigkeit des Comus und sein entsittlichendes Wirken stark hervor und ließ wiederum die Genüsse einer leckern Tafel zurücktreten gegen die Orgien der Wollust, deren Reiz sie zu erhöhen bei ihm allein bestimmt sind.

Was den Ausdruck betrifft, so habe ich außer den gleich zu erwähnenden Schlußversen nur noch eine Stelle finden können, die Milton ohne Zweifel benutzt hat:

> p. 608. Burdens and shames of nature, perish, die!
> For yet you never liv'd, but in the sty
> Of vice have wallow'd, and in that swine's strife,
> Been buried under the offence of life.
> Cf. Com. v. 77. To roll with pleasure in a sensual sty.

Das Thema "Pleasure reconciled to Virtue" hat Ben Jonson in der alleräußerlichsten Weise dadurch gelöst, daß er den Schwarm des Comus von Hercules in die Flucht schlagen und diesen unter Verheißung eines seligen Zeitalters, in welchem Tugend und Vergnügen im Einklang stehen sollen, von Mercur mit einem Pappelkranze krönen läßt. Milton nahm den Gegenstand wieder auf, trat aber mit aller Entschiedenheit auf Seite der Tugend; während man bei seinem Vorgänger die ethischen Gegensätze im bunten Gewühl künstlich verschlungener Tänze und unter dem Glanz scenischer Decorationen aus den Augen verliert und nur durch den Schluß des Ganzen wieder daran erinnert wird, hat Milton ihre ausführliche Erörterung in den Mittelpunkt seines Stücks gestellt, er weist schon zu Anfang darauf hin und schließt mit einer ernsten Ermahnung, der Tugend nachzustreben, die uns zum Himmel emporträgt. Die Schlußverse beider Maskenspiele haben eine unverkennbare Aehnlichkeit mit einander.

Pleas. rec. to Virtue.	Com. v. 373 f.
She, she (Virtue) it is in darkness shines,	Virtue could see to do what Virtue would
'Tis she that still herself refines	By her own radiant light, though sun and moon
By her own light to every eye;	Were in the flat sea sunk.
More seen, more known when Vice stands by:	
And though a stranger here on earth,	
In heaven she hath her right of birth.	
	Com. v. 1018 ff.
There, there is Virtue's seat:	Mortals, that would follow me,
Strive to keep her your own;	Love Virtue; she alone is free.
'Tis only she can make you great,	She can teach you how to climb
Though place here make you known.	Higher than the sphery chime; etc.

Das eigentlich charakteristische Element der Ben Jonson'schen Maskenspiele besteht in den sogenannten Antimasken (Antimasques), in denen einmal eine durchaus phantastische Komik herrscht, andrerseits auch ein niedrigeres Personal zu spielen pflegte als in den übrigen, idealer gehaltenen Scenen. Ich habe sie schon früher mit dem Chor der Alten Komödie der Griechen und dem „komischen Theile" der jetzigen Weihnachts-Pantomimen verglichen. (In dem oben angeführten Aufsatz in Herrig's Archiv, p. 76, den man auch über die Maske "Pleasure rec. to Virtue" nachsehen kann.) Es ist dort eine Stelle aus Lord Bacon's Essays mitgetheilt, die unter den verschiedenen in Antimasken auftretenden Tänzern auch antics, fratzenhafte Schallsnarren, mit aufzählt. Nun habe ich im Obigen der Bühnenanweisung des Milton'schen Manuscripts zu v. 93. Erwähnung gethan: They come on in a wild and antick fashion. Intrant Κωμάζοντες. Vielleicht beabsichtigte Milton ursprünglich, wie es das Wort antick anzudeuten scheint, den Schwarm des Comus als Antimaske einzuführen; da auch Ben Jonson an dessen Auftreten eine solche geknüpft hatte. Doch mußte unser Dichter dieselbe mit dem Charakter seines Werks unverträglich finden. Es lag nahe, was Ben Jonson gethan hatte, den Gegenstand komisch zu behandeln; doch widerstrebte dies Milton's vorherrschend ernster Natur. Sein Comus läßt sich mit dem Sternenhimmel vergleichen, der immerhin einen heitern, doch dabei feierlichen Eindruck auf unsern Geist macht.

Eine dritte Quelle haben die englischen Litterarhistoriker in einer Komödie von George Peele, The Old Wives Tale, entdeckt, die zuerst 1595, ein Paar Jahre vor dem Tode des Verfassers, im Druck erschien.*) Es ist ein wenig übersichtliches Zauberstück im Geschmack der damaligen Zeit, gespickt mit allerlei räthselhaften Prophezeiungen, deren Lösung die Pointe bildet. Drei Gesellen haben sich im Walde verlaufen und werden von einem Schmied in seine Hütte geführt. Die alte Frau des letztern beginnt zweien von ihnen — der dritte hat sich mit ihrem Manne zu Bett gelegt — zum Zeitvertreib eine Geschichte zu erzählen. Indem die darin vorkommenden Personen bald selbst wirklich auftreten, geht die bloße Erzählung durch eine seltsame, aber zum Sujet des Stücks passende Escamotage unter der Hand in eine dramatische Darstellung über. Ein thessalischer Zauberer Sacrapant, dessen magische Kunst sich von seiner Mutter Meroe herschreibt, wie die des Comus von Circe, hat unter der Gestalt eines Drachen Delia, eine Fürstentochter, geraubt und in sein Schloß getragen. Durch seine giftigen Tränke bewirkt er, daß sie ihre Familie, ja sich selbst bis auf ihren Namen vergißt. Inzwischen sind ihre beiden Brüder zu ihrer Rettung ausgezogen; diese lassen, da ihr Suchen fruchtlos geblieben ist, ihre Fragen laut erschallen und erhalten vom Schlußworte vom Echo als Bescheid zurück. Als sie darauf in die Gewalt des Zauberers gerathen, werden sie von ihrer eignen Schwester in Folge jener Verblendung hart behandelt. Sacrapant hat es außerdem noch einem jungen Ehemann, Erestus mit Namen, angethan, so daß er Nachts als Bär umgeht und bei Tage als alter Mann erscheint, während seine Gemahlin Benelia wahnsinnig im Walde umherirrt. Eumenides, ein fahrender Ritter, gewinnt dadurch, daß er den Geiz eines Kirchenvorstehers und Todten-

---

*) The Old Wives Tale. A pleasant conceited Comedie etc. by G. Peele. Lond. 1595. 4. The Works of George Peele, collected and edited, with some account of his life and writings, by Al. Dyce. 2d ed. Lond. 1829. Vol. I. p. XXX. p. 204. f.

gräbers befriedigt und so einem Verstorbenen zum Begräbniß verhilft, an diesem letztern einen treuen Diener. Jack — dies ist sein Name — entreißt bei dem Zusammentreffen des Eumenides mit Sacrapant unsichtbar dem Zauberer sein Schwert und nimmt ihm den Kranz vom Kopfe, wodurch sein Tod herbeigeführt wird. Aber es ist noch nöthig, daß ein magisches Glas zerschmettert und das darin befindliche Licht ausgeblasen werde; nur ein weibliches Wesen, das weder Jungfrau, Gattin noch Wittwe ist, vermag dies zu vollbringen, und da tritt Benelia als Vermittlerin ein. Jack zieht nun einen Vorhang zurück, hinter dem Delia schlafend sitzt, und Eumenides erlöst sie durch ein dreimaliges: „Helfe Gott dir, schöne Jungfrau." Auch die Brüder derselben, so wie Benelia und ihr Gatte sind entzaubert, und wir erfahren noch, daß Sacrapant ein elender und hinfälliger Greis gewesen und nur durch Wechsel der Gestalt mit Erestus jugendlich erschienen sei. Dann belohnt Delia ihren Befreier mit ihrer Hand; und nachdem das Gemälde, welches wie in einem Traum aus dem Rahmen gesprungen, wieder in denselben zurückgetreten ist, wird der Blick zum Schluß noch einmal ganz flüchtig auf die alte wohlbekannte Gruppe in der Schmiede gelenkt.

Ich habe in dieser Skizze das Sujet durch Ausscheidung einer ganzen Gruppe von Personen bedeutend vereinfacht; dessen ungeachtet wird es immer noch im Vergleich mit dem des Comus sehr verwickelt erscheinen. Aber die wesentlichsten Bestandtheile sind dieselben; die Jungfrau und ihre zwei Brüder stehen dem Zauberer gegenüber, und der Geist des Verstorbenen entspricht dem schützenden Genius, der Name Jack dem poetischer klingenden Hirtennamen Thyrsis.

Daß Milton Peele's dramatische Werke gekannt habe, dürfte schon aus einer Stelle der Arcades, v. 69 hervorgehen. Die Herausgeber scheinen nicht bemerkt zu haben, daß der darin vorkommende Ausdruck the daughters of Necessity zurückzuführen ist auf einen Vers im Prolog zu dem Schäferspiel "The Arraigment of Paris", welcher lautet: Th' unpartial daughters of Necessity. (Vol. I. p. 6.) In der Komödie The Old Wives Tale hat Warton auf die Bezeichnung this vild*) enchanter, p. 234, aufmerksam gemacht, womit übereinstimmt Com. v. 907. unblest enchanter vile. Ich möchte noch hinzufügen p. 213. Our sister, hapless in her cruel chance. — Com. v. 350. that hapless virgin, our lost sister; p. 233. on this enchanted ground — Com. v. 943. Till we come to holier ground, p. 234. Peace, brother, peace! — Com. v. 359. Peace, brother, be not over-exquisite; ferner p. 223. Thus by enchanting spells I do deceive Those that behold and look upon my face entspricht den Versen im Com. 153 ff. Thus I hurl My dazzling into the spongy air Of power to cheat the eye with blear illusion, And give it false presentments; endlich hat die Stelle p. 226. But with a potion I to her have given My arts have made her to forget herself (cf. p. 233.) unverkennbare Aehnlichkeit mit der Schilderung Com. v. 73 ff. Weniger Gewicht lege ich auf die dreimalige Wiederholung der Worte God speed, fair maid, p. 247. — cf. Com. v. 914 ff.; obgleich die Erscheinung der verzauberten Jungfrau in beiden Stücken eine nicht zu verkennende Analogie darbietet. Endlich hat die Scene mit dem Echo (p. 227) an und für sich kaum etwas gemein mit dem Gesange im Comus; doch kann sie immerhin den ersten äußerlichen Anstoß zu der Entstehung desselben gegeben haben.

Keightley ist der Ansicht, Lawes habe das eben besprochene Lustspiel gelesen und Milton das Sujet als Anhalt für die Abfassung seiner Masque an die Hand gegeben; daß der Dichter es selbst gekannt habe, bezweifelt er.**) Die mitgetheilten Stellen kann ich aber nur für Reminiscenzen halten, die unwillkürlich wieder in ihm auftauchten; auch glaube ich, daß Milton, indem ihm der Charakter Sacrapant's vorschwebte, aus dem Comus den Puteanus einen Zauberer gemacht habe. Sonst sind die beiden Stücke himmelweit von einander verschieden; Milton hat dasselbe Gerüst benutzt, aber einen Bau aufgeführt, der keinen Vergleich zuläßt mit demjenigen, welchen er vorgefunden. Dies Urtheil läßt sich auch auf das Verhältniß Milton's zu Puteanus und Ben Jonson ausdehnen. Mit Anwendung des vorhandenen Materials hat er eine einheitliche Schöpfung geliefert, die in ihrer ganzen Anlage wie in der Ausführung der

---

*) vilde für vile findet sich u. A. bei Spens. F. Q. V. c. 11: es ist wohl so viel als vilwd, vilified.
**) Life, Opinions, and Writings of J. Milton, p. 280 f. cf. Masson, I. c. p. 586 f.

einzelnen Theile nichts Fremdartiges enthält, sondern überall den ursprünglichen und eigenthümlichen Geist ihres Urhebers verräth. Ich muß mich entschieden gegen die Deutung verwahren, als wollte ich durch das Bestreben den Quellen auf die Spur zu kommen, die Genesis der Dichtung zu einer mechanischen Thätigkeit, Milton selbst zum Compilator eines cento herabsetzen. Auch bei Shakespeare finden wir genauen Anschluß an alte Chroniken, an Plutarch's Biographien und italienische Novellen; doch wagt es kein Kritiker, ihm einen Vorwurf daraus zu machen.

Ein viertes Werk, welches auf die Anlage des Comus einen ganz unverkennbaren Einfluß gehabt hat, ist John Fletcher's Faithful Shepherdess. Milton hat sich in der Schilderung einzelner Situationen denen, welche in diesem Stücke vorkommen, genähert, er hat sich außerdem bei den lyrischen Partien zum Theil durch die Versmaße desselben bestimmen lassen und ist in der Wahl des Ausdrucks häufig der Diction Fletcher's gefolgt; aber noch mehr, er verdankt ihm vor Allem eine Doctrin, die im Comus auf das Bestimmteste vertreten wird. Milton war überhaupt, wir können nicht sagen unbeschadet seines dichterischen Genius, im Grunde seines Wesens eine ziemlich doctrinäre Natur; und dies hängt mit seiner in sich abgeschlossenen Individualität zusammen, welche es ihm auch unmöglich machte, in seiner Dichtung aus sich herauszugehen und sich mit heterogenen Charakteren zu identificiren. Sehr bezeichnend macht sich nun die Eigenthümlichkeit seines Geistes in der Auffassung des Verhältnisses geltend, welches das weibliche Geschlecht zu den Männern einnehmen soll. Er hat sein Leben lang über die den Frauen gebührende Stellung theoretische Betrachtungen angestellt, und nicht nur in prosaischen Schriften seine Speculationen hierüber mitgetheilt, sondern dieselben auch seinen Dichtungen einverleibt. Daß dies im verlornen Paradiese recht gründlich geschehen ist, kann keinem Leser Milton's entgangen sein. Im Comus trägt er mit der überschwänglichen Begeisterung eines Neophyten und mit der Ehrfurcht vor weiblicher Hoheit, deren nur ein durchaus unbeflecktes Jüngling fähig ist, die aus Fletcher's Schäferspiel entlehnte, zugleich aber, wie wir später sehen werden, an Grundsätze der Platonischen Ethik angeschlossene Lehre von der heiligen Macht der reinen Jungfräulichkeit vor. Ich will der Hauptstelle im Comus (v. 420 ff.) die vom Verfasser benutzten Verse der Faithf. Speph. I, 1, p. 265 zur Seite setzen.

```
'T is chastity, my brother, chastity.            Yet I have heard — my mother told it me,
She that has that is clad in complete steel,     And now I do believe it — if I keep
And, like a quivered nymph with arrows keen,     My virgin-flower uncropt, pure, chaste, and fair,
May trace huge forests, and unharboured heaths,  No goblin, wood-god, fairy, elf, or fiend,
Infamous hills, and sandy, perilous wilds;       Satyr, or other power that haunts the groves,
Where, through the sacred rays of chastity,      Shall hurt my body, or by vain illusion
No savage fierce, bandite, or mountaineer        Draw me to wander after idle fires;
Will dare to soil her virgin purity.             Or voices calling me in dead of night
Yea there where very Desolation dwells,          To make me follow, and so tole me on
By grots and caverns shagged with horrid shades, Trough mire and standing pools to find my ruin.
She may pass on with unblenched majesty,
Be it not done in pride or in presumption.             — — — Sure there's a power
Some say no evil thing that walks by night,      In that great name of virgin, that binds fast
In fog, or fire, by lake, or moorish fen,        All rude uncivil bloods, all appetites
Blue meagre hag, or stubborn unlaid ghost,       That break their confines: Then, strong Chastity,
That breaks his magic chains at curfew-time,     Be thou my strongest guard, for here I'll dwell
No goblin, or swart faery of the mine,           In opposition against fate and hell!')
Hath hurtful power o'er true virginity.
```

Der Darstellung Milton's gebührt der Preis, indem sie mit großer Kunst durch drei Stufen fortwährend gesteigert wird. Nachdem die ungesitteten Bewohner wilder Wälder erwähnt sind, führt uns der Dichter als zweites Glied die schrecklichen Schatten der Höhlen vor, wo die Verödung selber wohnt, und schildert zuletzt in einer viel compacteren und energischeren Sprache, als es Fletcher vermocht hat, daß sein böser Geist der wahren Jungfräulichkeit schaden darf.

---

*) Act I. Sc. 1. a. f. Vol. I. p. 265 A, B. Ich citire nach folgender Ausgabe: The Works of Beaumont and Fletcher, with an introd. by G. Darley. Lond. Moxon. 1850, und bezeichne die Columnen mit A und B.

Dem Anruf Then, strong, Chastity, etc. entspricht in unserm Stücke v. 215. And thou, unblemish'd form of Chastity; an voices calling me in dead of night erinnert die Stelle v. 207 ff., wo jedoch Milton märchenhafte Traditionen bestimmter wiedergegeben hat (s. die Erkl.); endlich scheinen sich auf den Ausdruck that great name of virgin die Worte des Comus, v. 738, zu beziehen: be not cozened With that same vaunted name Virginity. So romantisch und auch die ganze Doctrin bei Milton vorkommt, so hat er sich doch von den stärksten Uebertreibungen fern gehalten, wohin die folgende gehört, F. Sh. I. 1. p. 264 B. such secret virtue lies In herbs, applied by a virgin's hand.

Eine ganz ähnliche Rolle wie dem Schutzgeist bei Milton ist im Fletcher'schen Schäferspiel seltsamer Weise einem Satyr ertheilt. Griechische Satyrn wenigstens würden dem Dichter schwerlich Dank wissen für die Aufgabe, welche ihr moderner Halbbruder, III. 1. p. 274 A als ihm zugemessen bezeichnet: Than must I watch if any be Forcing of a chastity. Mit Com. v. 78 ff. vergleiche die Worte in derselben Rede: Here must I stay, To see what mortals lose their way. Unverkennbar ist ferner die Analogie zwischen dem Flußgott, welcher im dritten Act, p. 276, auftritt und der göttlichen Nymphe Sabrina. So wie die letztere steigt jener aus seinen Wellen empor und heilt eine verwundete, von einem tückischen Schäfer in den Strom hinabgestürzte Jungfrau durch einen Tropfen Wasser aus seinen feuchten Locken. Aehnlich sind besonders folgende Verse, Com. 891. Where grows the willow and the osier dank, F. Sh. l. c. 'twixt two banks with osier set That only prosper in the wet. Andrerseits ist ein Theil der Rolle, welche die Göttin Sabrina spielt, von Fletcher der heilig keuschen Schäferin Clorin angewiesen. Vgl. den Prolog (Of all green wounds I know the remedies In men or cattle etc.) mit Com. v. 842 ff. und II. 2. in. p. 269. A, B mit Com. v. 628—639. Der im Schäferspiel mehrmals erwähnte reine Quell entspricht dem der Sabrina, Com. 912. Zu dem je dreimal wiederholten Besprengen und Berühren bei der Entzauberung der Jungfrau, worauf Milton durch die Geltung der Dreizahl bei heiligen Gebräuchen des klassischen Alterthums, so wie bei allem Zauberwerk (Theocr. 2. 43. Virg. Buc. 8. 73. al.) unabhängig von Fletcher geführt werden konnte, findet sich F. Sh. II. 3. p. 271 B. ein Beispiel. Ich mache gleich hier auf den damit zusammenhängenden Gebrauch von thus, Com. v. 911 aufmerksam, der in jenem Stücke ganz ebenso vorkommt. I. 2. p. 265 B. Shepherds, thus I purge away Whatsoever etc. Cf. III. 1. in. Prol. v. 4 sq. al. Eine ähnliche Stelle, V. 1. p. 282 B. And so may Pan bless this my cure, As all my thoughts are just and pure, schließt sich ganz genau an den Gebrauch von ὡς — ὡς, ut — sic an. Theocr. 2. 28 f. Virg. Buc. 8. 79 sq. al. Im Anruf der Sabrina läßt sich eine gewisse Aehnlichkeit mit dem Gebet der Amaryllis zu Pan erkennen (Thou blessed man etc. V. 3. p. 284 A), und noch deutlicher findet eine solche zwischen den dankbaren Wünschen statt, welche der Schutzgeist an Sabrina im Milton'schen, die Schäferin Amoret im Fletcher'schen Stücke an den Flußgott richtet. Act III. s. f. p. 276 B. Dazu kommt eine Beziehung zwischen den Gedanken in folgenden Stellen: F. Sh. I. 1. p. 268 B. Can such beauty be Safe in his own guard, and not draw the eye Of him that passeth on, to greedy gaze Or covetous desire? — Com. v. 393 ff. But Beauty, like the fair Hesperian tree Laden with blooming gold, had need the guard Of dragon-watch, with unenchanted eye, To save her blossoms and defend her fruit From the rash hand of bold Incontinence. Cf. v. 407. our unowned sister. Der einfache Gedanke ist in Milton's Händen zum prachtvollen und im Einzelnen künstlerisch vollendeten Bilde geworden. Cf. F. Sh. II. 4. p. 272 A. See, mine arms are full Of entertainment, ready for to pull That golden fruit which too, too long hath hung, Tempting the greety eye. Dazu kommt F. Sh. I. 1. p. 268 B. Give not yourself to loneless, and those graces Hide from the eyes of men, that were intended To live amongst us swains. Diese Verse erinnern an Com. 745—748, doch haben die Interpreten noch bestimmter entsprechende Parallelstellen beigebracht. Ferner F. Sh. V. 3. p. 284 B. Hath not our mother Nature, for her store And great encrease, said it is good and just, And wills that every living creature must Beget his like? Diese Verse haben eine flüchtige Aehnlichkeit mit den Ausdrücken im Argument des Comus, v. 710 ff. Deutlicher läßt sich die Verwandtschaft folgender zwei Stellen erkennen: F. Sh. II. 3. p. 270 A. Dar'st thou abide To see this holy earth at once divide, And give her body up? for sure it will etc. — Com. v. 790 f. That dumb things would be mov'd to sympathize, And the brute Earth would lend her nerves and shake etc. Stevens vergl. Sh. Rich. II. A. III. Sc. 2. Sodann F. Sh. V. 5. p. 285 A. Whate'er thou be, Be'st thou her sprite, or some divinity, That in her shape thinks good to walk this grove. Cf. I. 1. p. 265 A. in. — Com. v. 265 ff. S. Beispiele einer ähnlichen Anrede in den Noten von Warton und Todd. Auch die lyrische Schlußrede des Satyrs im Schäferspiele bietet eine Analogie dar mit Com. v. 1013—1017. Doch bemerkt Warton richtig dazu: "The reader shall compare Milton's chaste dignity on this occasion, with Fletcher's licentious indulgence of a warmer fancy." Ebenso hat Milton auch die Strophe: Fairest virgin, now adieu! etc. III. 1. p. 276 B zu zwei Versen, 920 f., zusammengezogen. Es kommen dazu eine Menge Anklänge im Wortlaut einzelner Verse, die ganz kurz zusammengestellt werden sollen. Com. v. 1. Jove's court — F. Sh. II. 2. p. 270 A. Jove's high court. Com. v. 18. But to my task. — III. 1. p. 274 A. But to my charge; v. 127. Which these dun shades will ne'er report — I. 2. p. 268 A. Green woods are dumb, And will ne'er tell to any Those dear kisses etc. III. 1. p. 274 A. the sooner we begin, The longer ere the day descry our sin. Cf. v. 138 ff.; 131 f. the dragon womb of Stygian darkness — II. 2. p. 270 B. the great womb of air; v. 154. my dazzling spells — III. 1. p. 275 B. All mists that dazzle sense, III. 1. p. 273 A. Here is another charm whose power will free The dazzled sense etc.; v. 145 f. I feel the different pace Of some chaste footing near about this ground. — III. 1. p. 274 A. Back again about this ground; Sure I hear a mortal sound; v. 334 ist Chaos gebraucht wie II. 2. p. 270 A; v. 639. of sovran use — II. 1. p. 269 B. a sovereign remedy, V. 5. p. 285 A. the sovereign power Of other waters; v. 668. See, here be all the pleasures — I. 3. p. 267 B. Here be all new delights. Vgl. ein Paar Verse vorher Here he woods as green as any und I. 1. p. 265 A. Here be grapes — Here be berries; v. 670 f. When the fresh blood grows lively, and returns Brisk as the April buds in primrose-season — II. 1. p. 269 B. whose virtues do refine The blood of men, making it free and fair As the first hour it breath'd, cf. IV. 3. p. 279 A; v. 813. beyond the bliss of dreams — IV. 3. p. 279 A. it passeth dreams; v. 823. The soothest shepherd that e'er piped on plains — I. 1. v. 2. The truest man that ever fed his flocks; v. 898. the cowslip's velvet head — II. 1. in. their (the flower's) velvet heads; v. 910. Brightest (Ms. Virtuous) Lady — Brightest IV. 2. p. 278 B, Brightest fair, I. 1. p. 265 A. in.; v. 917 f. — I touch with chaste palms moist and cold: Now the spell hath lost its hold; — V. 2. p. 282 B. with spotless hands, III. 1. p. 274 B. hands pure, III. 1. s. f. A holy hand was laid upon, cf. Spens. F. Q. III. 11. 6. V. 2. in. Now your thoughts are almost pure; v. 923. Sprung of old Anchises line — I. 1. p. 265 A. Sprung from great immortal race (in demselben Versmaße); v. 956. The stars grow high, But Night sits monarch yet in the mid-sky. — III. 1. p. 274 A. Now whilst the moon doth rule the sky, And the stars — are up; der erste Vers des Gesanges: Back, shepherds, back, v. 958, ist ein Anklang an das Lied: Come, shepherds, come! I. 3. p. 268 A; v. 988. There eternal summer dwells — IV. 2. s. f. p. 278 B. On this bower may ever dwell Spring and summer; v. 1013. I can fly, or I can run Quickly etc. — I. 1. p. 265 A. I must go, I must run Swifter than the fiery sun. Ein Paar von T. Warton zu v. 143 und 312 angeführte Stellen habe ich im obigen Verzeichnisse absichtlich fortgelassen, ebenso F. Sh. V. 1. in., während hinwieder die in den Noten der Erklärer zerstreute Sammlung von mir vermehrt ist. Die Stelle v. 553 f. wird weiter unten besprochen werden. Andere Einzelheiten, wie z. B. die Anrede gentle shepherd, v. 270, I. 2. p. 266 A. al. (gentle villager, v. 304), sind nicht Fletcher's specielles Eigenthum, sondern gehören mit zur allgemeinen Diction des Schäferspiels überhaupt. In den Lesarten der Mss. sind noch einige andere Reminiscenzen aus der Faithful Shepherdess vorhanden, die ich übergehen muß. Ich erwähne es nur, weil die Herausgeber des Comus nicht darauf geachtet zu haben scheinen.

Was die Versmaße betrifft, so will ich, da eine ausführliche Behandlung des Metrischen den für diese Arbeit zugemessenen Raum überschreiten würde, nur kurz erwähnen, daß die lyrischen

Partien in Fletcher's Schäferspiel fast durchgehends in katalektischen trochäischen Dimetern ohne Verschlingung der Reime verfaßt sind, daß sparsamer als bei Milton iambische Verse mit denselben wechseln, und daß ein Paar Gesänge kürzere und längere Zeilen auf einander folgen lassen. Die Lieder sind bei aller Aehnlichkeit weniger kunstreich angelegt als diejenigen im Comus. Gereimte fünffüßige Jamben, deren sich unser Dichter mit Anschluß an Ben Jonson, besonders aber an John Fletcher in den Arcades bei einer längern Rede bedient hat, tauchen im Comus bloß in dem Passus v. 495—512 vereinzelt auf; Dr. Johnson l. c. hat sich daher ihre Erscheinung nur aus einem fit of rhyming erklären können.

Hallam spricht sich in dem schon citirten Werke (Vol. III. Ch. VI. 77. p. 345. Baudry's ed.), nachdem er die Rolle des Schutzgeistes im Comus mit der des Satyrs in der Faithf. Sheph. verglichen, folgendermaßen über das Verhältniß beider Stücke zu einander aus: (In Comus) "a more austere, as well as more uniform language has been given to the speakers. But Milton has borrowed largely from the imagination of his predecessor; and by quoting the lyric parts of the Faithful Shepherdess, it would be easy to deceive any one not accurately familiar with the songs of Comus. They abound with that rapid succession of ideal scenery, that darting of the poet's fancy from earth to heaven, those picturesque and novel metaphora, which distinguish much of the poetry of this age, and which are ultimately, perhaps, in great measure referrible to Shakspeare." Die Worte des letzten Satzes geben natürlich auf die lyrischen Partien im Fletcher'schen Werke, doch ließen sie sich noch passender auf den Comus anwenden, insbesondere was die poetischen Bilder anbetrifft. In Bezug auf die eigentlichen Gesänge habe ich zu eben ein von Hallam etwas abweichendes Urtheil gefällt; doch schließe ich mich bei den Partien des Comus, welche ich für recitativisch erklärt habe, seiner Meinung an, freilich thut hier schon das Versmaß sehr viel. Die Sprache des Comus im Gegensatz zu der des Fletcher'schen Stücks hat der englische Litterarhistoriker als strenger und gleichförmiger charakterisirt. Jenen Punkt halte ich für den wesentlicheren; die größere Strenge der Sprache hängt mit der ganzen Auffassung und Behandlung des Gegenstandes zusammen. Obgleich die Faithful Shepherdess dem Comus ungleich mehr ebenbürtig zu nennen ist als irgend eines der Werke, welche wir als Quellen bezeichnet haben; so weht uns doch aus der Milton'schen Dichtung ein ganz andrer Geist entgegen. Hier ist Alles ernst und feierlich gestimmt, während dort bei anscheinendem Ernste mit dem Gegenstande doch nur getändelt wird. Bei Milton ist die Lehre vom heiligen Zauber der Jungfräulichkeit mit den ethischen Ansichten, die das ganze Stück durchziehen, auf das engste verwachsen; bei Fletcher zeigen schon die spielenden Uebertreibungen, daß wir es mit einer conventionellen, dem Stücke angepaßten Fiction zu thun haben, ganz von derselben Natur wie die reine Quelle, die alle Wunden heilt. Ich kann auch den Kritikern nicht beipflichten, welche den Comus ohne Weiteres zu einem Schäferspiele machen wollen. (Jos. Warton bei Todd p. 177 und dieser selbst, p. 179.) Der ganze äußere Zuschnitt vom bakchantischen Tanze des Fackeln schwingenden Thiasos an bis zum Schlusse, wo sich das Stück in die Tänze eines geselligen Festspiels auflöst, ist der einer Masque. Pastorale Episoden mit charakteristischen Zügen der Virgil'schen Idyllen, wohin ich besonders die Einführung bestimmter Persönlichkeiten unter fingirten Hirtennamen rechne (v. 619 ff. vgl. p. 21 dieser Abh.; v. 822, f. Keightley's Anm.), ließen sich bei der Verwandtschaft der Masken- und Schäferspiele leicht einfügen. Doch die Vertiefung des Inhalts rückt den Comus aus der Sphäre beider Dichtungsformen. Zu einem Pastoral fehlt ihm vor Allem das ganze Lebenselement, die Liebe, deren idyllisch conventionelle Auffassung gewisse schablonenartige Charaktere fordert und unendliche Variationen der beiden Themen, Keuschheit und Zärtlichkeit, mit der ermüdenden Wiederholung von Gelübden, so wie eine entsprechende Naturanschauung in sich schließt, eine Bewirthung mit lauter süßen Tränken bis zum Ueberdruß. Doch der Stil im weitesten Sinne des Wortes enthält die Eigenthümlichkeiten, welche ich nach der englischen Modification eines griechischen Ausdrucks wohl als paraphernalia des Hirtenspiels bezeichnen darf. Daß sie jedoch diesem nicht ausschließlich angehören, wird sich im Verlauf meiner Erläuterungen ergeben.

Das Verzeichniß der Werke, welche Milton bei unserer Dichtung, um es prosaisch auszudrücken, als Quellen und Hülfsmittel benutzt hat, würde nicht vollständig sein, wenn wir nicht anhangsweise noch eine von Todd herbeigezogene Scene aus Ben Jonson's „komisch-satirischem" Drama Cynthia's Revels erwähnen wollen. Nachdem der Herausgeber Milton's die häufigen Anrufungen des Echo in Schauspielen jenes Zeitalters berührt und insbesondere Browne's Inner Temple Masque namhaft gemacht hat, verweist er uns auf die erste Scene des ersten Aufzugs im Ben Jonson'schen Stücke, wo Echo, von Mercur auf Befehl des Götterfürsten wieder mit einem Körper bekleidet, auftritt und einen Threnos an die Quelle singt, deren Spiegel sie des Narcissus beraubte. Todd hat die Worte Mercur's: strike, music, from the spheres, And with your golden raptures swell our ears (p. 73 A, Gifford's ed. Lond. Moxon 1858) mit Com. v. 241—243 verglichen, und Keightley hat aufmerksam gemacht auf die Anrede Mercur's p. 72 B, worin die Worte: That I may know what cavern of the earth Contains thy airy spirit (cf. Sh. Romeo and Jul. II. 2.) dem Ausdruck, Com. v. 231, Within thy aery cell entsprechen. Ich gebe dieser Correctur am Rande des Cambridger Ms. den Vorzug vor der von Todd wie von Keightley beibehaltenen Vulgate shell, nicht nur wegen des Drayton'schen Verses: And Echo oft doth tell Wondrous things from her cell, den der erstere Kritiker citirt, sondern hauptsächlich, weil mir die von Warburton herrührende und von den Herausgebern angenommene Erklärung aery shell als Horizont, selbst mit Keightley's Motification: hemisphäre, an und für sich kaum verständlich und wegen des Possessivs thy unpassend scheint. Dazu kommt, daß dieselbe der constanten Vorstellung der Dichter jener Zeit vom Aufenthalt der Nymphe Echo in Grotten widerspricht; denn aus der Bezeichnung daughter of the sphere v. 241 folgt keineswegs, das Himmelsrund sei ihr Wohnsitz. S. die angeführten Stellen Ben Jonson's und Shakespeare's. Zu den obigen Analogien kommt noch die des Versmaßes in Echo's Threnodie bei Ben Jonson und in dem an sie gerichteten Liede, Com. v. 230 ff. Beide Gesänge fangen mit einem fünffüßigen iambischen Verse an, schließen mit einem Alexandriner und enthalten einen Wechsel von ganz kurzen und längeren Versen; von jenen ähneln einander besonders O, if thou have (v. 230) und O, I could still. Die Verwendung eines Echo in der Oekonomie des Stücks haben wir zu den Elementen zu zählen, die den Stil des englischen pastoralen Drama's constituiren; aber die Art und Weise, wie es geschehen, ist durchaus originell, so daß die Scene des Comus als das klassische Beispiel hierfür gelten muß. Obgleich Milton zu der Composition von außen angeregt wurde, so sind doch seine Verse ungleich schöner als die entsprechenden im Stücke Ben Jonson's.

Auf den Ideenkreis, welcher den Comus gleichsam umspannt, hat besonders das Studium Plato's bestimmend eingewirkt. Für die Verschmelzung Platonischer Lehren mit der schon besprochenen, modernen und romantischen Ansicht von der zauberhaften Macht der Keuschheit ist besonders eine Stelle des Smectymnus (Prose Works I. 111) charakteristisch, welche T. Warton zu v. 784 anführt: "Thus, from the laureate fraternity of poets, riper years, and the ceaseless round of study and reading, led me to the shady spaces of philosophy: but chiefly to the divine volume of Plato, and his equal Xenophon. Where if I should tell ye what I learned of Chastity and Love, I mean that which is truly so, etc." Doch fallen diese Studien nicht bloß in die reiferen Jahre des Dichters, wie er hier angiebt, sondern wurden schon während des academischen Quadrienniums begonnen. In den "Prolusiones Oratoriae" aus seiner Studentenzeit nimmt den zweiten Platz eine Abhandlung ein: "In Scholis Publicis: de Sphaerarum Concentu", welche davon Zeugniß ablegt. Masson L c. p. 246 f. theilt dieselbe auszugsweise in einer englischen Uebersetzung mit, und setzt (p. 273) unter die akademischen Uebungsstücke auch ein Gedicht der Sylvae mit der Ueberschrift: "De idea Platonica quemadmodum Aristoteles intellexerit." Vor Allem schließt sich aber eine Schilderung in den Arcades v. 61 ff. ganz eng an Plato an. Doch lägen auch diese Documente uns nicht vor, so würde schon der Comus genügen, Milton's frühe Beschäftigung mit den Schriften des attischen Philosophen außer Zweifel zu setzen. Einmal hat der Dichter auf die Sphären-Harmonie und den Reigen der Gestirne (Plat. Tim. 40. c. al.) wiederholt Bezug genommen: v. 110 ff. We that are of purer fire, Imitate the starry quire, Who, in their nightly watchful spheres, Lead in swift rounds the months and years (cf. Vac. Ex. v. 40); v. 241 — daughter of the sphere; So mayest thou be translated to the skies, And give resounding grace to all Heaven's harmonies; v. 1021.

Higher than the sphery chime. Die von Reightley in der letzten Stelle gesuchte Berücksichtigung des Ptolemäischen Weltsystems, welchem Milton huldigte, liegt nicht klar zu Tage. Vgl. Life, Opinions, and Writings of J. Milton. p. 458—462. Ebenso wenig dürfen wir etwa in dem Ausdruck insphered v. 3. zu viel sehen, oder einen bestimmten Anschluß des Dichters an Plato hineintragen. Auch jene Anschauung vom Reigentanz der Gestirne gehört unter den Alten Plato nicht ausschließlich an; man könnte die zuerst angeführten Verse eben so gut auf Stellen wie Eur. Ion. v. 1078 ff. zurückführen. Die Lehre von der Sphären-Harmonie aber findet sich auch bei Milton's Zeitgenossen und frühern Dichtern, bei Chaucer, Shakespeare, Ben Jonson u. A. Nur die specifisch Platonische Färbung der eben erwähnten Stelle Arc. v. 61 ff. berechtigt uns, bei Milton diese Vorstellung aus dem Studium Plato's selber abzuleiten. Dagegen fällt der unmittelbare Anschluß an den Phädon in der Auseinandersetzung des ältern Bruders, v. 463 bis 475, deutlich in die Augen. Zwar hat der Dichter, was der Philosoph allgemein von der Hingabe des Geistes an den Körper, sowohl vom Erkennen wie vom Handeln sagt, in engere Grenzen eingeschlossen und auf die Folgen sündhafter Sinnlichkeit beschränkt, wie dies vom vorliegenden Thema gefordert wurde; allein die Schilderung, daß die Seele, wenn sie sich dem Einflusse des Materiellen überläßt, selbst materiell wird, stimmt genau mit dem von Plato Ausgesprochenen überein. In dem Verse: The soul grows clotted by contagion erkennen wir den Satz wieder: ἀλλὰ διειλημμένην γε οἶμαι ὑπὸ τοῦ σωματοειδοῦς, ὃ αὐτῇ ἡ ὁμιλία τε καὶ ξυνουσία τοῦ σώματος διὰ τὸ ἀεὶ ξυνεῖναι καὶ διὰ τὴν πολλὴν μελέτην ἐνεποίησε ξύμφυτον. Phaed. p. 81. c. Der vom Zusammenballen gerinnender und sich verdichtender Substanzen zu Klumpen entlehnte Ausdruck grows clotted scheint eine kühne Uebertragung der Adjectiva ἐμβριθές καὶ βαρὺ καὶ γεῶδές zu sein, welche als Erläuterung von τὸ σωματοειδὲς hinzugefügt sind. Die Beschreibung der um ihre Grabmäler schwebenden Schatten (σκιοειδῆ φαντάσματα, ih. those thick and gloomy shadows damp. v. 470.), die vom Körper nicht lassen können (v. 473: αἱ μὴ καθαρῶς ἀπολυθεῖσαι. p. 81. d.) ist gleichfalls von Milton aufgenommen. Sogar die Synonyma μνήματα καὶ τάφοι hat er wiedergegeben, und mit imbodies das Platonische ποιεῖ σωματοειδῆ p. 83. d. übersetzt. Imbodies and imbrutes (cf. P. L. IX. 166. to incarnate and imbrute) entspricht den bei Plato häufigen Zusammenstellungen analoger Composita (z. B. Phaed. p. 80. c. διαλύεσθαι καὶ διαπίπτειν καὶ διαπνεῖσθαι); beiläufig bemerke ich, daß die Häufung der Adjectiva mit α priv., welche besonders bei griechischen Tragikern so oft vorkommt, von unserm Dichter im P. L. wiederholt nachgeahmt ist, doch steht er in dieser Hinsicht nicht vereinzelt da. Endlich gehört auch der Ausdruck linked itself etc. v. 474. ursprünglich Plato an, cf. 82. e. διαδεδεμένην ἐν τῷ σώματι καὶ προσκεκολλημένην, p. 83. c. d. Daß der Inhalt der Rede, welche dem ältern Bruder in den Mund gelegt ist, aus philosophischen Studien erwachsen sei, deutet der Dichter selbst an; denn er läßt den jüngern sagen: How charming is divine Philosophy! (v. 476.)

Die ganze eben besprochene Stelle steht der Schilderung (v. 457—463) gegenüber, daß Verkehr mit Himmelsbewohnern den Körper allmälig zur Substanz der Seele umwandle und unsterblich mache, worin Warburton trotz der Einführung christlicher Engel Milton's philosophischen Materialismus herausgewittert hat. S. den Vergleich mit P. L. V. 469 ff. in Thyer's Anm. Auch diese Ansicht, wenngleich in eigenthümlicher Form ausgeprägt, ist gewiß aus Platonischen Sätzen entsprungen, die sich wieder vorzugsweise im Phädon entwickelt finden. Das Körperleben, an welches die Seele gefesselt ist, wird von Plato, und zwar mit Anschluß an Orphische Lehren (Crat. p. 400. c.), geradezu als Gewahrsam (εἱργμός. Phaed. p. 82. e.) und Kerker (δεσμωτήριον. p. 114. c.) bezeichnet. Cf. Lucr. VI. 721. invisaque claustra timentem carceris antiqui. Vielleicht ließ sich der Dichter hierdurch zu der prägnanten Schilderung des Frevlers bestimmen: Himself is his own dungeon. v. 385. Diese Idee kehrt wieder im Sams. Ag. v. 156, allein in andrer Wendung. Die von Todd zu Com. v. 385 beigebrachten Parallelstellen aus Sidney's Arcadia scheinen mir ungeachtet des Gebrauchs von dungeon weniger treffend als die Platonischen, insofern der Kerker darin nur als Sitz des Jammers aufgefaßt ist. Das in den vorhergehenden Versen entworfene Bild der Tugend mit emanirendem Licht erinnert uns gleichfalls an die Symbolik der Platonischen Sprache. Zwar die Eingangsworte:

39

Virtue could see to do what Virtue would By her own radiant light, welche Tobb mit dem schon citirten Schluß des Maskenspiels Pleas. rec. to Virtue und mit Spens. F. Q. I. 1. 12 vergleicht, klingen noch bestimmter an eine von Keightley angeführte, sehr bekannte Stelle aus Shakesp. R. and J. III. 2. an: Lovers can see to do their amorous rites By their own beauties; aber der Anstrich der ganzen Schilderung ist Platonisch, und v. 381. He that has light within his own clear breast hat Aehnlichkeit mit Pl. Pol. VII. 540. a. ἡ τῆς ψυχῆς αὐτῆ und andern entsprechenden Bezeichnungen. Cf. Sams. Ag. v. 91 ff. Ob die Verse Crashaw's bei Tobb den Milton'schen nachgebildet seien oder nicht, lasse ich dahingestellt. Dazu kommt, daß auch das von jenen beiden Versen eingeschlossene Bild: She (Wisdom) plumes her feathers, and lets grow her *wings*, That in the various *bustle of resort*, *Were all-to ruffled and sometimes impaired*, v. 379 f., von einer mythisch-symbolischen Schilderung Plato's im Phädrus copirt zu sein scheint. Cf. p. 248. b. θόρυβος οὖν καὶ ἄμιλλα καὶ ἱδρὼς ἔσχατος γίγνεται, οὗ δὴ κακίας ἡνιόχων πολλαὶ μὲν (ψυχαὶ) χωλεύονται, πολλαὶ δὲ πολλὰ πτερὰ θραύονται. Der andere Theil des Bildes, daß die Weisheit, wie man gewöhnlich die Worte erklärt, ihr Gefieder glättet und ihre Schwingen wieder wachsen läßt, schließt sich im bloßen Wortlaut an eine von Tobb citirte Stelle an, Spens. F. Q. II. 3. 36. She 'gins her feathers sowie disfigured Prowdly to prune, and sett on every side, in welcher jedoch keineswegs, wie bei Plato und Milton, eine metaphorische Uebertragung der Schwingen auf den Geist stattfindet. In Betreff der Lesart bin ich mit Warton und Tobb den alten Ausgaben gefolgt, all-to = entirely ist bekannt; gegen Keightley's Aeuberung to-ruffled ist in grammatischer Hinsicht nichts zu erinnern (s. Mäßner's Engl. Gramm. p. 486), nur scheint es rathsam, diplomatischer Genauigkeit möglichst obwalten zu lassen. Uebrigens kann man auch bei manchen Stellen Spenser's zweifeln, ob to durch ein hyphen mit einem vorhergehenden all, oder mit dem folgenden Worte zu verbinden sei. Daß lawed, wie Tobb behauptet, die richtige Lesart prunes durch ein Versehen corrumpirt, oder daß Milton gar nach Keightley's Ansicht die beiden Verba verwechselt haben solle, will mir nicht einleuchten. Richardson bleibt zwar für die von ihm angegebene Bedeutung, to plume = to feather, den Beweis schuldig. Dessenungeachtet glaube ich, Milton habe die Bedeutung von plumare, plumas emittere, auf das englische Verbum übertragen; und es ist mir um so wahrscheinlicher, da der Ausdruck durch diese Annahme dem mehrmals im Platonischen Phädrus vorkommenden πτεροῦν nahe gerückt wird. Cf. p. 248. e. al. Die Construction mit dem acc. cognatae significationis dürfte bei Milton an sich schon nicht bedenklich sein (cf. P. L. XI. 427. nor sinned they sin), um so weniger aber, da she plumes her feathers hier bedeutet: sie ergänzt ihr Gefieder. Die folgenden Worte: And lets grow her wings bilden mit jenen einen Parallelismus, ohne daß von Tautologie die Rede sein kann. Doch muß ich gestehen, prunes würde ein vollendeteres Bild gewähren; nur steht es einmal nicht da, und plumes hat nicht dieselbe Bedeutung. In der Uebersetzung jedoch habe ich aus jenem Grunde mir erlaubt, der gewöhnlichen Erklärung zu folgen.

Dann möchte ich noch folgende Stelle herbeiziehen, v. 589 f.: Virtue may be assail'd, but never hurt, Surpriz'd by unjust force, but not enthrall'd. Wenn nicht sonst schon so viel Platonisches im Comus vorläge, so würde ich hierin kaum wagen, die Analogie dieser Verse mit dem berühmten Worte ἀρετὴ ἀδέσποτον, Plat. Pol. X. 617. e., geltend zu machen. Die darauf folgenden Säße haben eine durchaus christliche Färbung. Endlich ist es auch nicht unmöglich, daß der Dichter bei der Schilderung des Bösen, welches in rastlosem Wandel sich selbst nährt und selbst wieder verzehrt (Self-fed and self-consumed, v. 597), an die für die Welt gebrauchte Bezeichnung gedacht habe, Tim. 33. c. αὐτὸ ἑαυτῷ τροφὴν τὴν ἑαυτοῦ φθίσιν παρέχον. Wenigstens gilt mir troß des dadurch bewirkten schönen Bildes keineswegs für ausgemacht, was Warburton bemerkt: "This image is wonderfully fine. It is taken from the conjectures of astronomers concerning the dark spots which from time to time appear on the surface of the sun's body, and after a while disappear again; which they suppose to be the scum of that fiery matter, which first breeds it, and then breaks through and consumes it." Milton liebt es Composita mit self-zusammenzustellen, so z. B. P. L. III. 130. Self-tempted, self-depraved. V. 860. self-begot, self-raised u. a. m.

Daß Euripides ein Lieblingsdichter Milton's gewesen ist, wird vielen meiner Leser aus seiner Biographie bekannt sein. Auch im Comus deutet so Manches auf ein Studium dieses Tragikers hin. In der Inhaltsübersicht habe ich schon zwei Punkte hervorgehoben, aus denen sich dies erkennen läßt, die Anlage des Prologs und den διοσῶν λόγων ἀγών im Mittelpunkte des Stücks. Den Prolog hat T. Warton mit dem der Hecuba, des Hippolytus und der Taurischen Iphigenie verglichen; doch muß ich gestehen, die Aehnlichkeit scheint mir zwar vorhanden, allein geringer als z. B. die, welche zwischen dem Anfang der Faithful Shepherdess und der Alcestis stattfindet. Dazu kommt die Stichomythie v. 277 ff., aus der sich wenigstens im Allgemeinen auf eine Bekanntschaft des Dichters mit den griechischen Tragikern, wenn auch nicht speciell mit Euripides schließen läßt. Denn Beispiele einer solchen Anordnung der Verse sind bei englischen Dramatikern nicht sehr gebräuchlich. Keightley führt an Shakesp. R. and J. IV. 1. Two G. of V. l. 2; doch in keiner dieser beiden Stellen läuft die Stichomythie so lange ununterbrochen fort wie im Comus. Obgleich Milton wohl keine bestimmte Scene eines alten Tragikers vor Augen gehabt hat, so gibt er doch den Charakter vieler Stichomythien vollkommen wieder. Einzelne derselben, namentlich bei Euripides, sind allerdings stark pointirt; doch in andern herrscht wieder ein durchaus idealer Ton. So auch in der Milton'schen. Einmal ist die Sprache schwungreich und würdevoll; sodann hat der Dichter mit großer Kunst die leicht entstehende Einförmigkeit zu vermeiden gewußt, indem die Antwort etwas in der Frage noch nicht Erwartetes hinzufügt (v. 284), oder mit gemessenem Nachdruck auftritt (v. 288); endlich unterbricht auch v. 286 ein allgemein gehaltener Ausruf, wie so oft in den griechischen Tragödien, den Gang der Wechselreden. Der für uns störende, allzu modern und trivial klingende Ausdruck their unrazored lips (v. 290) mochte in der damaligen Zeit nichts Anstößiges enthalten, wie sich aus Warton's Anm. ergibt: The unpleasant epithet unrazor'd has one much like it in the Tempest, A. II. S. 5. — "till new-born chins Are rough and razorable." Vgl. zwei Parallelstellen bei Todd und Keightley.

Bei der Schilderung, welche Comus unmittelbar nach der Stichomythie (v. 290 ff.) von den Brüdern der Jungfrau mit betrüglicher Absicht entwirft, Two such I saw etc., hat der Dichter, wie schon Warton gesehen, die Erzählung des Hirten in der Taurischen Iphigenie von v. 264 an benutzt: ἐνταῦθα διοσσοὺς εἶδέ τις νεανίας βουηφορβὸς ἡμῶν κ. τ. λ. Cf. v. 267 sqq. ἔλεξε δ', οὐχ ὁρᾶτε; δαιμονές τινες θάσσουσιν οἵδε. Θεοσεβὴς δ' ἡμῶν τις ὢν ἀνίσχε χεῖρα καὶ προσηύξατ' εἰδολών κ. τ. λ. — v. 297. Their port was more than human as they stood. v. 301 f. I was awe-struck, And, as I past, I worshipt. Aehnlichkeit mit den darauf folgenden Versen des Euripides (v. 270—274) hat auch die Anrede des Comus an die Jungfrau, v. 265—268, welche wir schon (p. 35) in anderer Hinsicht mit einer Stelle der Faithf. Sheph. verglichen haben. Der Nachahmung des griechischen Tragikers aber in den zuerst erwähnten Versen hat Milton ein glänzendes Gemälde aus der Sphäre des modernen Elfenglaubens eingefügt, v. 29—301. Dazu kommen noch ein Paar einzelne Stellen, die dem Euripides entlehnt scheinen; v. 703. none, But such as are good men, can give good things, hat Bischof Newton verglichen mit Med. v. 618. κακοῦ γὰρ ἀνδρὸς δῶρ' ὄνησιν οὐκ ἔχει, und ganz unzweifelhaft ist, was Hurd zuerst bemerkt hat, v. 339 f. visit us With thy long-levell'd rule of streaming light, folgenden Verse nachgebildet, Suppl. 650. λαμπρῷ μὲν ἄντιξ ἡλίου, κανὼν σαφής, ἔβαλλε γαῖαν. Paley setzt hinzu: "Whether the sun's ray is so called merely from its apparent straightness like a carpenter's rule, or because it imparts correctness to the vision, and so prevents a mistaken aspect of things, is rather doubtful. (Daß die letztere Erklärung die richtige sei, geht aus dem Adj. σαφής hervor.) Milton, who was a great student of Euripides, is thought to allude to this verse, taken in the former sense in Comus." etc. Die in den Wörterbüchern s. v. κανών angeführte Stelle Paul. Sil. 50. (VI. 64.) ταμίης γραμμῆς ἰθυπόρος gibt uns einen Halt für Milton's Auffassung des Euripideischen Bildes. Die Herausgeber haben angemerkt, daß es P. L. IV. 543 heißt: the setting sun Slowly descended, and with right aspect Against the eastern gate of Paradise Levelled his evening rays, aber unterlassen, die viel charakteristischere Stelle Sams. Ag. 549 herbeizuziehen: With touch ethereal of Heaven's fiery rod. Die lange, gradlinige Meßruthe ist dem Dichter ein Symbol des Sonnenstrahls;

im Comus hat er dies Bild mehr im Anschluß an die von ihm mißverstandene, doch leicht fälschlich zu deutende Stelle des Euripides, im Sams. Ag. mit eigenthümlicher Prägnanz ausgedrückt. Ich möchte noch darauf hinweisen, daß, wie sich bei Milton so häufig antike und christliche Elemente verschmolzen finden, so auch hier ein biblischer Ausdruck visit us das Bild einführt. Worten vergleicht St. Luke. I. 78. The day-spring from on high hath visited us, und P. L. II. 398. Not unvisited of heaven's fair light. Man wird dadurch unwillkürlich an die sprichwörtlich gewordenen Angels' visits erinnert und denkt sich den Lichtstrahl fast als tröstenden Engel.

Unter den Stellen des Comus, in welchen entweder der poetische Gedanke, oder die Diction von andern klassischen Dichtern abhängig erscheint, will ich zuerst die vom Mythus der Circe auf Berzauberungen ihres Sohns übertragene Schilderung und die dabei angewandten Bezeichnungen zusammenfassen. Die charakteristischen Züge der Beschreibung bei Homer und Ovid sind von Milton bis auf den Wortausdruck im Einzelnen treu wiedergegeben. Im Obigen (p. 18) ist schon hingedeutet auf die Uebereinstimmung folgender zwei Stellen: Com. v. 816 ff. Without his rod reversed, And backward mutters of dissevering power, We cannot free the Lady etc. — Ov. Met. XIV. v. 300 sq. Percutimurque caput conversae verbere virgae, Verbaque dicuntur dictis contraria verbis. Außerdem vergleiche man: For most do taste through fond intemperate thirst, v. 67 — quae simul arenti sitientes hausimus ore, Ov. l. c. 277; baleful drugs, v. 255, baneful cup, v. 525 — φάρμακα λυγρά, und φάρμακα, Od. κ. 266. 213; What grim aspects are these, These ugly-headed monsters? v. 694 f. — αἰνὰ πέλωρα, v. 219, variarum monstra ferarum, v. 413; sly enticement, v. 525 — καταθέλξαι, θέλξαι, v. 213. 291; downward fell into a grovelling swine, v. 53 — σύες χαμαιευνάδες, v. 243, in terram toto procumbere vultu, v. 281; And all their friends and native home forget, v. 76 — ἵνα πάγχυ λαθοίατο πατρίδος αἴης, v. 236; He and his monstrous rout are heard to howl, Like stabled wolves, or tigers at their prey, Doing abhorred rites to Hecate, v. 533—535, — magicis Hecaten ululatibus orat, v. 405, atque in praesepibus ursi saevire, ac formae magnorum ululare luporum, Virg. A. VII. 17 sq.; potentibus herbis, ib. v. 19 — potent herbs, Com. v. 255. Endlich erinnert noch v. 651. with brandish'd blade an Ov. l. c. 296. stricto pavidam deterruit ense, cf. Od. κ. 321 sq.

Dazu kommen nun eine Menge Reminiscenzen aus den verschiedensten griechischen und römischen Dichtern. Gleich der Anfang des Prologs enthält Anklänge an Homer. Jove's court ist Ζηνὸς Ὀλυμπίου αὐλή, Od. d. 74. (doch vgl. die schon citirte Stelle Faithf. Sheph. II. 2.' p. 270 A); die Schwelle dieses Hofes erinnert an οὐδὸς αὔλειος, das Beiwort starry an Il. σ. 370. Ἡφαίστου δόμον ἀστερόεντα. Those immortal shapes Of bright aerial spirits, v. 2 f. entspricht den Umschreibungen der Tragiker mit δέμας, εἶδος, εἴδωλον, μορφή, vgl. v. 215. unblemish'd form of Chastity; mit dem Ausdruck bright aerial spirits habe ich schon δαίμονας, ἀερίων γένος, Plat. Epin. 984. d. zusammengehalten. v. 4. In regions mild of calm and serene air hat Aehnlichkeit mit der Schilderung Od. ζ. 42 ff., besonders mit v. 44 f. ἀλλὰ μάλ' αἴθρη πέπταται ἀνέφελος; doch gibt der darauf folgende Bers wieder eine moderne Färbung. Low-thoughted (v. 6) ist das griechische ταπεινόφρων, und bietet als Beiwort von care eine Analogie dar mit Verbindungen wie φροντὶς βαθύβουλος, Aesch. Pers. 138 u. vgl. Amhrosial weeds (v. 14) sind die ἄμβροτα εἵματα bei Homer, so wie Com. v. 840 ambrosial oils eine Nachbildung von Il. ψ. 187. Auch sonst ist Milton im Gebrauch dieses Adjectivs häufig Homer gefolgt. Vgl. P. L. V. 642. ambrosial night und V. 57. his dewy locks distilled Ambrosia mit Il. β. 57, α. 529, Virg. A. I. 403. Mit each ebbing stream (v. 19) sind vielleicht die refluì amnes, Sil. It. V. 624 f. übertragen. Cf. παλίρρυτοι παγαί, Philox. ap. Ath. XIV. 643. b. Das damit zusammengestellte salt flood kann eine Reminiscenz aus den Gedichten des Lord Surry sein (Tobb l. c.), eben so gut aber auch eine davon unabhängige Uebersetzung von ἅλς, ἁλμυρὸν ὕδωρ, ἁλμή, oder von salsi fluctus, Virg. A. V. 182. Ich bemerke beiläufig, daß die Engländer jene Ausdrücke gewöhnlich durch brine wiederzugeben pflegen. In high and nether Jove, v. 20, womit Dunster bei Tobb einen Vers aus Sylv. Du Bart. 1621, p. 1003. Both upper Jove's and nether's diverse thrones verglichen hat, sind die v. 41 in sovran Jove wiederkehrenden Homerischen Beiwörter des Zeus ὕψιστος, ὕπατος, so wie die Bezeichnungen

Ζεὺς χθόνιος, καταχθόνιος, νέρτεροι θεοί u. f. w. unverkennbar. Das v. 21 von Inseln gebrauchte Epitheton sea-girt ist ἀλισίγανος (Nonn. 40. 521) oder ἀλίζωνος; von dem gleich darauf folgenden Ausdruck the bosom of the deep (κόλπος) soll weiter unten die Rede sein. Vom Homerischen κυανοχαίτης stammt der Ausdruck blue-hair'd deities, v. 29, caerulei di, Ov. Met. II. 8. Zu v. 33, proud in arms, hat Warton citirt Virg. A. I. 21. belloque superbum. The sweet poison of misused wine (v. 47) erinnert mich theils an Homer's ἤπια φάρμακα, theils an Eur. Bacch. 283. οὐδ᾽ ἔστ᾽ ἄλλο φάρμακον πόνων. Die v. 50 eingefügte Frage: who knows not Circe etc.? hat Aehnlichkeit mit Wendungen des Euripides, z. B. Herc. F. 1. Τίς τὸν Διὸς σύλλεκτρον οὐκ οἶδεν βροτῶν κ. τ. λ.; Ion. 30. οἶσθα γὰρ θεᾶς πόλιν; doch bemerkt Keightley ganz richtig, dieselbe Frageform sei gewöhnlich bei Spenser, wir werden sie daher passender auf das Studium des englischen Dichters zurückführen. Todd vergleicht noch Hor. Ep. I. 2. 23. Sirenum voces et Circae pocula nosti. In Bezug auf clustering locks (v. 54) verweist Warton auf πλόχμοι βοτρυόεντες, Ap. Rhod. II. 678, und βότρυς χαίτης, Agath. 21., cf. Nonn. I. 528 und ἕλιξ πλοκάμων, Anacr. 16. (29.) 7. Vgl. P. L. IV. 305—307. She — Her unadorned golden tresses wore Dishevelled, but in wanton ringlets waved, As the vine curls her tendrils: ib. v. 303. clustering locks. Zu v. 80 f. Swift as the sparkle of a glancing star I shoot from heaven, haben die Erklärer angeführt II. δ. 75 ff., Shakesp. Ven. and Ad. Str. 136 und G. Fletcher's Christ's Vict. I. 72. Eine Aehnlichkeit mit der Stelle der Iliade wie mit den beiden andern findet allerdings statt; doch hat schon Warton angedeutet, daß die eigenthümliche Schönheit des Milton'schen Bildes auf der großen Einfachheit und Prägnanz des Ausdrucks beruht, indem Alles darauf berechnet ist, die Schnelligkeit des Flugs zu veranschaulichen. Cf. P. L. IV. 556. I. 745. Mit smooth-dittied song v. 86 möchte ich vergleichen Pind. I. 6. 20. ἀδυμελεῖ σὺν ὕμνῳ. v. 87. (who) Well knows to still the wild winds when they roar: — Hor. C. I. 12. 10. morantem — celeris ventos. Zu v. 93. The star, that bids the shepherd fold findet sich bei Todd das Citat Virg. Ecl. 6. 85. Cogere donec ovis stabulis numerumque referri Jussit et invito processit Vesper Olympo; ähnlich ist auch Virg. G. IV. 434. Vesper ubi e pastu vitulos ad tecta reducit. The gilded car of day, zwei Verse weiter, erinnert uns nicht nur an Ausdrücke wie χρυσοκόλλητοι δίφροι, Eur. Phoen. 2. sondern auch an einen römischen Triumphwagen (currus auratus, Cic. post red. in sen. XI. 28); näher jedoch steht die von Todd citirte Stelle aus Petrarca, Son. 167. Auch zu den folgenden Zeilen: the gilded car of day His glowing axle doth allay In the steep Atlantic stream, führt derselbe Herausgeber einen Vers des italiänischen Dichters nebst Juv. Sat. 14. 280 an. Vgl. noch Virg. G. III. 359. nec cum Praecipitem Oceani rubro lavit aequore currum, und Milt. El. 5. 92. Diese Schilderung scheint dem Dichter auch P. L. VII. 99 vorgeschwebt und in unsrer Stelle die Wahl des Adjectivs steep veranlaßt zu haben, welches Keightley erklärt: "As the sun's car comes to it, as it were, down a steep descent." Doch könnte man sich zu der Annahme versucht fühlen, Milton habe das nicht ungewöhnliche Beiwort der Flüsse praeceps kühn auf den Ocean übertragen. Cf. P. L. VII. 299. Auch sonst drückt steep das erwähnte lateinische Adj. aus. P. L. III. 741. his steep flight. Zu der hochpoetischen Schilderung v. 115 f. The sounds and seas, with all their finny drove, Now to the moon in wavering morrice move, dürfte Milton vielleicht einen Anstoß, wenn ich mich so ausdrücken darf, durch Reminiscenz klassischer Dichterstellen erhalten haben, in denen die Tänze der Delphine gefeiert werden; eigenthümlich aber ist die Erwähnung des Mondes, dem das Flossengeschlecht entgegenschwebt. Cf. Eur. Hel. 1454 f. καλλίχοροι δελφῖνες. Orph. II. 24. (23.) p. 285 Herm., wo es nach Anrufung der Nereiden (χοροπαίγμονες — περὶ κύμασι ῥαχχύουσαι) v. 6 ff. heißt: Ἅλιοί θ᾽ οἳ ναίουσι βυθόν, Τριτώνιον οἴδμα, Ὑδρούδρομοι, σκιερταί, ἑλισσόμενοι περὶ κῦμα Ποντοπλάνοι δελφῖνες, ἁλιρρόθιοι, κυαναυγεῖς. Auch aus andern Stellen erhellt, daß Milton die Orphica gekannt habe. Die von Todd in v. 124 gefundene Anspielung auf Eur. Hipp. 106 ist, wenn sie überhaupt stattfindet, sehr unbestimmter Natur. Dark-veiled Cotytto, v. 129 (cf. P. L. V. 646. in darker veil, II. 962. sable-vested Night) erinnert an μελάμπεπλος Νύξ, Eur. Ion. 1150. Bei v. 143. beat the ground, lag es nahe, mit Todd an Hor. C. I. 37. 1. zu denken; doch f. die von ihm und Warton citirten Stellen englischer Dichter. v. 184. Under the spreading favour of these pines. — Virg. G. IV. 24. Obviaque hospitiis teneat frondentibus arbos, Warton; spreading erinnert an ἀμφιλαφής. Plat. Phaedr. p. 230 b. Ap. Rhod. II. 735 (patulis diffusa ramis, Cic. de Or. I. 7). Mit v. 221 ff. Was I deceived? or did etc. — I did not err, there does etc. hat man zusammengestellt Ov. Fast. V. 545. Fallor an arma sonant? Non fallimur arma sonabant. Die vorzüglich bei Ovid häufige Wendung fallor an? findet sich auch mehrmals in Milton's lateinischen Gedichten, El. 5. 5; 7. 56; In prod. bomb. v. 3.   Zu v. 234 f. Where the lovelorn nightingale Nightly to thee her sad song mourneth well citirt Todd Virg. G. IV. 513. Flet noctem, ramoque sedens miserabile carmen Integrat. Die Erwähnung der Circe (αὐδήεσσα Hom.) mit den Sirenen*) und Najaden zusammen haben die Erklärer theils aus Ov. Met. XIV. 264. Nereides Nymphaeque simul etc., theils, was die Sirenen betrifft, aus einem Maskenspiele von B. Browne abgeleitet, theils endlich an die Zusammenstellung bei Hor. Ep. I. 2. 23 gedacht, wodurch jene nicht füglich veranlaßt sein konnte. Die Schilderung v. 257 ist von Warton auf Sil. It. XIV. 474. Scyllaei tacuere canes, stetit atra Charybdis und der Ausdruck barking waves auf Virg. A. VII. 588. multis circum latrantibus undis zurückgeführt worden; der Erstere hat richtig bemerkt: "Silius h. avoided the boldness, perhaps impropriety, of the last image in Milton," d. h. das Uebertriebene in v. 259. Das Compositum flowery-kirtled scheint mir dem Adjectiv ποικιλείμων nachgebildet zu sein, doch mit Berücksichtigung der ἄνθινα εἵματα. Cf. Shakesp. Pass. Pilgr. 18. Die Beschreibung des Abends als βολυτός v. 291 ff., heißt es bei Warton, ist griechischen und lateinischen Dichtern entlehnt, da dieselbe auf das englische Landleben keine Anwendung findet. Man hat damit verglichen Ap. Rhod. I. 1172, Virg. Ecl. II. 66, Hor. C. III. 6. 41. Ich mache besonders aufmerksam auf the laboured ox (bos fatigatus, cf. ἐργατίνας βόες, Ap. Rhod. III. 665) und füge den Citaten hinzu Ap. Rhod. III. 1340 ff., wo der Ausdruck κεκμηῶτες ἐργατίναι noch mehr als φυτοσκάφος in der ersten Stelle dem swinked hedger bei Milton entspricht, so wie die Erwähnung des δόρπον, l. 1173 (cf. Hom. Od. v. 31) wohl auch für v. 293 maßgebend gewesen ist. Den Ausdruck land-pilot v. 309 halte ich, so zu sagen, für eine kühn gezogene Consequenz aus der bei den Tragikern gewöhnlichen Uebertragung von Ausdrücken der Seefahrt auf den Gang zu Fuß. Vgl. Eur. Iph. A. 139. ἐρέσσων σὸν πόδα, Med. 682. τένδε ναυστολεῖς χθόνα, Iph. T. 266. ἄκροισι πορθμεύων ἴχνος, 936. ἐπόρθμευσας πόδα. Es ist zu bemerken, daß die ursprüngliche Lesart des Ms. v. 310 lautete: Without sure steerage of well-practis'd feet. Cf. P. L. l. 225. he steers his flight. Auch die Bezeichnung well-practis'd und die Personification my unacquainted feet, noch schlagender Sams. Ag. 335, dürften aus derselben Quelle entsprungen sein. Der Nachahmung des Euripides in v. 340 ist schon Erwähnung geschehen; das gleich darauf stehende Tyrian Cynosure ist nach Newton dem Ovid (Fast. III. 107. quarum Cynosura petatur Sidoniis) entlehnt, mit star of Arcady vgl. Sen. Oed. 477, sidus Arcadium. Man halte ferner zusammen v. 344. The folded flocks penn'd in their wattled cotes — Hor. Epod. 2. 45. Claudensque textis cratihus laetum pecus. V. Todd ad Ep. Dam. v. 141. IV. p. 501, und vergleiche v. 345. the pastoral reed with oaten stops mit Virgil's tenuis avena. The flat sea, v. 375, woran Warton Anstoß nahm, so daß er gern geändert hätte in the sea flat sunk, wäre er nicht durch Vergleichung von level brine, Lyc. 98, davon zurückgehalten, erklärt sich mir durch eine Anwendung des Beiworts πλατύς, besonders bekannt aus dem Homerischen πλατύς Ἑλλήσποντος. Infamous hills, v. 424, hat man auf infames scopulos bei Horaz (C. 1. 3. 20) zurückgeführt, und eine Nachahmung desselben Dichters (C. I. 12. 8. A. P. 19) in den Worten v. 494 f. erkannt: Thyrsis! whose artful strains have oft delayed The huddling brook (to hear his madrigal; doch bringt wieder madrigal (cf. Shakesp. Pass. Pilgr. 18) und besonders der folgende Vers einen durchaus moderneren Charakter in die Schilderung. Einen Anklang an Horaz (S. II. 2. 79) enthält zwar die von Todd zu v. 469 citirte Stelle aus Milton's prosaischen Werken, kaum aber jener Vers selbst. Dian, Fair silver-shafted queen, v. 441. gilt mir für eine Nachbildung von χρυσηλάκατος und night-founndered, v. 483 (P. L. I. 204), für eine Uebersetzung von νυκτιπλαγκτος, Aesch. Die von der himmlischen Muse begeisterten Dichter werden v. 515 sage poets genannt; den Herausgebern scheint

---

*) Die Dreizahl gehört der nachhomerischen Sage an. Preller, Gr. Myth. I. p. 383.

es entgangen zu sein, daß σοφός häufig, besonders bei Pindar als Epitheton des Dichters vorkommt. Cf. Hor. Ep. II. 1. 50 al. Der Ausdruck dire Chimeras, welcher P. L. II. 628, nur mit Nachstellung des Adjectivs wiederkehrt, schließt sich an Iles. 319 ff. (δεινήν τε μεγάλην τε), der folgende Vers, And rifted rocks whose entrance leads to Hell, an Virg. G. IV. 467. Taenariae fauces, alta ostia Ditis, und unmittelbar darauf ist die Anwendung von navel für Mitte, wie Newton richtig bemerkt, den klassischen Sprachen entlehnt, doch war das Wort schon von Drayton so gebraucht worden. S. Tobb zu v. 520. Dieser führt zu v. 526. With many murmurs mix'd, Stat. Theb. IX. 733 an, cantusque sacros et conscia miscet murmura, und mit v. 547, to meditate my rural minstrelsy, vergleicht Warton Virg. Buc. 1. 2. Den Ausgangspunkt für das schöne und vollständig abgerundete Bild v. 529 f., unmoulding reason's mintage Charactered in the face, könnte man in Stellen griechischer Autoren sehen (Her. I. 116. Aesch. Suppl. 279. Eur. Herc. F. 658); allein nähere Analogie bietet Spens. F. Q. V. 6. 2 dar. Dies ist vermuthlich die von Warton Observ. Sp. F. Q. II. 162 besprochene Stelle, worauf er sich in der Anmerkung zu v. 530 bezieht. Eine Vergleichung der Milton'schen Verse mit denen seines Vorgängers wird einem Jeden zeigen, wie viel bedeutender jenes Bild hervortritt. S. noch Shakesp. Rape of Lucr. Str. 116. The pillared firmament, v. 598, ruft uns zwar die vom Atlas gehaltenen Himmelssäulen (Od. x. 53) in's Gedächtniß; doch sind dieselben zum Gemeingut modernerer Sprachen geworden. Ferner citirt Tobb zu v. 655 die Beschreibung des Cacus Virg. A. VIII. 252 (furaum evomit, vomit smoke, her plur. the sons of Vulcan bei Milton ist ungenau), zu v. 711, With such a full and unwithdrawing hand, die Worte des Sil. It. XV. 56. plenaque dedit bona gaudia dextra (die Schönheit des Ausdrucks liegt in dem von Milton hinzugefügten, die Hand der Natur belebenden unwithdrawing), zu v. 753, tresses like the Morn, Od. s. 390. ἐνπλόκαμος ἠώς, zu sun-clad, v. 782, ἀστροχίτων als Beiwort des Mondes, Orph. Arg. 510, überflüssiger Weise, da er selbst auf Rev. XII. 1 und besonders auf eine Stelle Petrarca's verweist; dann vergleicht er das Verbum to boult v. 762 mit τοξεύειν, Aesch. Suppl. 446 (jaculator, Juv. 7. 193); allein dies ist anders zu erklären, s. Warton's Anm. und die von Richardson, Dict. v. bolt angeführte Stelle aus Hopkins, And so when thou rashly boltest out somewhat that is either doubhful und false. Ich habe in der Uebersetzung das Bild beibehalten. Daß der Dichter sich das Adjectiv the brute Earth, v. 797, von Hor. C. I. 34. 9 angeeignet, war nicht zu verkennen. Dagegen haben die Commentatoren übersehen, daß die kühne Bildung root-bound (v. 662) dem griechischen ῥιζοπαγής entspricht. (Nonn. II. 247.) Zu v. 838 ff. hat Tobb herbeigezogen Il. τ. 38. Πατρόκλου δ' αὖ ἀμφάσσθω κατὰ νέκταρ ἐρυθρὸν στάξε κατὰ ῥινῶν, ἵνα οἱ χρὼς ἔμπεδος εἴη. Weniger schlagend sind die von Warton citirten Stellen. The clasping charm, v. 853, halte ich für mehr als das von Warton aus Ben Jons. Sad Sh. herbeigezogene to rivet charms; da the clasp (clasper) die Ranke und das Zeitwort umschlingen bedeutet (cf. P. L. IX. 217. the clasping ivy), so glaube ich, die Stelle aus Soph. Ant. 826 f., τὴν κυσσός ὡς ἀτενής πετραία βλάστα δάμασεν, habe dem Dichter vorgeschwebt, will dies jedoch keineswegs für mehr als eine bloße Vermuthung ausgeben. Mit v. 856, To aid a virgin, such as was herself, hat Thyer verglichen Aesch. Suppl. 149 f. ἀδμήτας ἀδμήτα ῥύσιος γενέσθω.

Wir kommen nun zu der zahlreichen Gruppe von Epitheten, welche im Anruf an Sabrina aus klassischen Schriftstellern entlehnt sind. Newton und Tobb haben die nöthigen Citate beigebracht, so daß ich sie bloß kurz zusammenzustellen, das Charakteristische hervorzuheben und falsche Zahlenangaben zu berichtigen brauche: The glassy wave, v. 861, vitrea unda, Virg. A. VII. 759; Great Oceanus, Ὠκεανόν τε μέγαν, Hes. Th. 20; earth-shaking Neptune, Ἐννοσίγαιος, Ἐνοσίχθων (mace ist freie Uebersetzung von tridens); πόντια als Beiwort der Tethys, Hes. Th. 368, ist ausgedrückt durch ihren ernsten, majestätischen Gang; hoary Nereus, γέρων, II. σ. 141. Hes. Th. 1003, grandaevus Virg. G. IV. 392. cf. Serv. ad v. 403; the Carpathian wizard, Carpathius vates, Ov. Met. XI. 249, cf. Virg. G. IV. 387; Triton's winding shell, cava bucina tortilis, Ov. Met. I. 335; sooth-saying Glaucus, Eur. Or. 363. μάντις, Νηρέως προφήτης Γλαύκου, ἀψευδής θεός; Leucothea's lovely hands, ἁπαλαὶ oder φίλαι χεῖρες? Was den Ausdruck Thetis' tinsel-slippered feet anlangt, so ist derselbe keineswegs für eine bloße Paraphrase von ἀργυρόπεζα Θέτις zu halten, geschweige denn daß wir gar nach Keightley's

Vorschlag annehmen sollten, Milton hätte das Homerische Beiwort mißverstanden. Dieser Herausgeber hat in einem Excurse p. 126 f. dargethan, daß tinsel eine Art Gold- und Silberbrocat, somit dasselbe war, was im P. L. V. 592 durch glittering tissues bezeichnet ist. Also die eigentliche Bedeutung von tinsel-slippered kann nicht zweifelhaft sein. Zugleich dürfen wir nicht vergessen, daß tinsel zu den Lieblingsausdrücken der Spenser'schen Schule gehört; dies ergibt sich aus Keightley's Citaten. Chapman übersetzt, wie Todd angemerkt hat, silver-footed Thetis, und das Epitheton wurde von den gleichzeitigen und unmittelbar auf ihn folgenden Dichtern adoptirt. Ich füge zu Todd's Citaten noch hinzu silver-fleet, B. Jons. The M. of Beauty p. 550. Nept. Triumph. p. 642. Handelte es sich nicht um Thetis, so käme χρυσοπέδιλος dem Milton'schen Adjectiv näher als ἀργυρόπεζα; vgl. ποικιλοσάνδαλος. Die Herausgeber haben übersehen silver-buskined, Arc. 33, und El. III. 55. Vestis ad auratos defluxit candida talos. Wie jenes Adjectiv gehört auch tinsel-slippered zu der Klasse freier Nachahmungen. Wenn tinsel wirklich mit scintilla, étincelle zusammenhängt (vgl. ticket von étiquette, estiquette, Mäßner, Engl. Gramm. p. 156), so mochte allerdings in Milton's Zeit, als das Wort noch nicht zu der gegenwärtigen Bedeutung von nachgemachtem Flittergold herabgesunken war, so viel vom ursprünglichen, der Etymologie entsprechenden Wortsinn vorherrschen, daß der Leser durch tinsel-slippered die Anschauung lichten Schimmers bekam, sich also das Bild der Thetis im Silberglanz der blitzenden Wellen ausmalen konnte. Cf. Trench, English Past and Present, p. 130 f. Allein die Ableitung steht nicht fest; vielleicht ist es das mittelhochdeutsche zindâl, zindel, eine Art Seidentaffent, dessen romanische Nebenformen Diez, Etym. Wörterbuch, p. 376, angibt. — Die Namen der Sirenen, Parthenope und Ligea (neben Leukosia), kommen nicht bloß, was Keightley wohl irgend einem Andern nachgeschrieben hat, in Tzetzes' Scholien zum Lykophron, sondern bei diesem Dichter selbst vor, v. 713—728. Ich bemerke beiläufig, Milton kaufte sich im Jahre 1634, in welchem der Comus entstand, ein Exemplar des Lykophron für 3 Shilling, so wie er auch Paul Stephanus' Ausgabe des Euripides erstand. Masson, l. c. p. 531. Doch haben weder die Biographen auf vorliegende Stelle Rücksicht genommen, noch die Erklärer jene Notiz damit combinirt. Die nun folgende Schilderung hat nach Warton's richtiger Bemerkung einen modernen und romantischen Anstrich, nicht sowohl wegen des Kammes der Ligea, den Keightley mit Unrecht als ausschließliches Eigenthum für die Seejungfrauen der nordischen Mythologie in Anspruch genommen (cf. Ov. Met. IV. 311), sondern hauptsächlich wegen der Demantfelsen v. 881. Die ganze Phraseologie gehört der Spenser'schen Schule an, und dieser Charakter tritt von Vers zu Vers immer bestimmter hervor. Bei dem Abschluß der langen lyrischen Invocation durch den Refrain Listen, and save! (v. 866 und 889) verweist Thyer auf Aesch. Pers. 664 = 671. Doch ist dies keineswegs das einzige Beispiel des Refrains bei Aeschylus; auch braucht man deshalb nicht bis auf's klassische Alterthum zurückzugehen. Mit v. 898 f. O'er the cowslip's velvet head, That bends not as I tread vergleicht Todd u. A. Virg. A. VII. 808, eine Nachahmung von Il. v. 228 sqq.; allein seine übrigen Beispiele zeigen, daß diese Bezeichnung des leichten Trittes bei Dichtern jener Zeit sehr gebräuchlich war, dieselben ließen sich leicht vermehren, vgl. z. B. Faithf. Sheph. IV. 2. p. 277 B. Die Beschreibung in v. 977—979, those happy climes that lie Where day never shuts his eye, Up in the broad fields of the sky, scheint aus dem Mythus von den Hyperboräern geflossen zu sein, oder aus den Schilderungen der seligen Orte, wohin die Guten nach ihrem Tode gelangen, Pind. (M. 2. 61 f. Bei the broad (Ms. plaine) fields of the sky denkt man an gewisse Lieblingsausdrücke der Tragiker, besonders des Euripides, wie αἰθέρος πτυχαί u. s. w.; doch näher stehen die von Barton und Todd citirten Stellen: Virg. A. VI. 887. aëris in campis latis, und Fairfax VIII. str. 57. O'er the broad fields of heav'ns bright wilderness. The liquid air findet sich ebenfalls bei Fairfax (XIV. str. 43); doch könnte es auch eine Uebertragung sein von ὑγρὸς αἰθήρ, liquidus aether, liquidus aër u. dgl. Die oft genannten englischen Herausgeber haben die Verse, 981—983, All amidst the gardens fair Of Hesperus, and his daughters three That sing about the golden tree, auf folgende Stellen klassischer Dichter zurückgeführt: Ap. Rhod. IV. 1394 sqq. Ἦρι δ᾽ ἱερὸν πέδον, ᾗ ἔνι Λάδων εἴσετο πρὸ χθιζὸν παγχρύσεα ῥύετο μῆλα χθιζὸν ἐν Ἄτλαντος, χθόνιος ὄφις· ἀμφὶ δὲ νύμφαι Ἑσπερίδες ποίπνυον, ἀριμυγες ἀείδουσαι. Eur. Hipp. 742 sq. Ἑσπερίδων δ' ἐπὶ μηλόσπορον ἀκτὰν ἀνύσαιμι τᾶν ἀοιδᾶν Monk. corr. vulg. ἀοιδάν), cf. Herc. F. 394. Ov. Met. IV. 637 sq. arboreae frondes auro radiante virentes ex auro ramos, ex auro poma tegebant. Vgl. Com. v. 393 ff. the fair Hesperian tree Laden with blooming gold. Endlich scheint mir v. 994 f. Flowers of more mingled hue Than her (Iris') purfled scarf can show abzuleiten von Ov. Met. XI. 589. induitur velamina mille colorum Iris etc. Doch trägt die Ausführung im Einzelnen auch hier wieder einen modernen Charakter. Dies gilt auch von der Schilderung mythologischer Gegenstände in den Versen, welche sich unmittelbar daran schliessen. Zu bemerken ist noch, daß v. rosy-bosomed, v. 986, dem griechischen Adjectiv ῥοδόκολπος nachgebildet zu sein scheint. Vor Milton dürfte es nicht vorkommen; spätere Dichter, wie Dryden und Gray, haben es von ihm entlehnt.

Es ist bekannt, daß sich sowohl in Milton's Prosa als in seinem poetischen Stil zahlreiche, specifisch lateinische Wendungen und Constructionen finden, die eigentlich dem Genius der englischen Sprache widerstreben und deshalb in der spätern Entwicklung derselben als fremdartige Elemente ausgeschieden sind. Im Wesentlichen können wir feststellen, daß von der durch Milton versuchten Bereicherung der Sprache um klassisches Eigenthum allerdings viele neu adoptirte lateinische Wörter sich Ansehn und allgemeine Geltung verschafft haben, daß man dagegen die ursprünglich nicht englischen Constructionen fast regelmäßig wieder hat fallen lassen. Im Comus aber, so wie in den übrigen Werken aus Milton's Jugendzeit, hat sich der Dichter von den eigenthümlichen klassischen Härten des verlornen Paradieses und der noch spätern Erzeugnisse seiner Muse ziemlich fern gehalten. Solche Härten sind z. B. P. L. III. 7. Or hearest thou rather pure ethereal stream? und ganz besonders VI. 335 f. Forthwith on all sides to his aid was run (cursum est) By Angels many and strong, ebenso X. 229 f.; ferner die Assimilation (Attraction) VI. 808. Vengeance is his, or whose he sole appoints. u. dgl. m. Ich will nun in aller Kürze zusammenstellen, was mir in unserm Gedichte aus Constructionen der beiden klassischen Sprachen, hauptsächlich der lateinischen, entlehnt scheint, und bemerke nur zuvor, daß die englischen Erklärer bei aller sonstigen Sorgfalt, ja Aengstlichkeit des Sammelns auf diesem Gebiete Manches übersehen haben. Dahin gehört das doppelte Relativum v. 51 f. whose charmed cup Whoever tasted etc., und die Anknüpfung mit dem Relativum v. 66. which as they taste — Soon as the potion works, their human countenance is changed. Die ganze verschlungene Construction dieser Stelle hat eine klassische Färbung; doch finden sich für beide Wendungen, namentlich für die letztere, auch bei andern Schriftstellern Belege. Sonst ist bei Milton charakteristisch die Anknüpfung eines Fragesatzes oder Ausrufs durch ein Relativum, z. B. P. L. III. 7. Whose fountain who shall tell? (anders l. 91. into what pit thou seest From what highth fallen), so wie die Verdoppelung des Interrogativs im Ausruf, P. L. V. 542 f. Oh, fall From what high state of bliss into what woe! Cf. Com. v. 566 f. And, oh! poor hapless nightingale, thought I, How sweet thou singest, how near the deadly snare! Auffallend ist die Häufung P. L. V. 715 ff. — saw in whom, how spread Among the Sons of Morn, what multitudes Were banded. Hieran schließt sich ferner der Uebergang aus dem relativen in einen selbstständigen Satz, v. 24—28. Which he, to grace his tributary gods, By course commits to several government, And gives them leave to wear their sapphire crowns, And wield their little tridents. v. 198 f. the stars That Nature hung in heaven, and filled their lamps With everlasting oil. Auch v. 58. Whom therefore she brought up, and Comus named, steht im Ms. Which (am Rande whome) therefore she brought up, and nam'd him Comus. Daß diese Construction bei griechischen Dichtern und Prosaikern häufig vorkommt, ist bekannt. Doch beherke ich, daß Milton auch and in der Bedeutung von καὶ ταῦτα gebraucht; cf. P. L. I. 276. Ganz frei und ungenau ist die Anknüpfung mit and nach dem Relativum v. 5. Von thus v. 153. 911 ist schon die Rede gewesen; vgl. besonders v. 242. So may'st thou be translated to the skies etc. Das Verbum to translate in diesem Verse ist nicht etwa, wie man vielleicht vermuthet, von Milton aus dem Lateinischen entnommen, sondern es ist ein auch sonst gebräuchlicher, besonders in der englischen Version der Bibel vorkommender Ausdruck. Cf. Heb. 11. 5. Bemerkenswerth ist die Anwendung von some v. 338. some gentle taper — visit us With thy long-levell'd rule of streaming light! Der Satz bildet einen Uebergang aus der dritten in die zweite Person, und das hinzutretende some entspricht dem εἰς, πᾶς τις, πᾶς bei der zweiten Person des Imperativs. Der englischen Sprache fremd sind die von Milton eingeführten Participial-Constructionen nach Präpositionen. Wir haben ein Beispiel v. 48, after the Tuscan mariners transformed, ein anderes, wegen der Voranstellung des Adjectivs vielleicht noch härter klingendes, findet sich P. L. I., 573, for never, since created man, Met such embodied force, an welcher Stelle Keightley passend darunter gesetzt hat post hominem creatum. Zwei andere Nachweise sind gegeben in Wagner's Gramm. der Engl. Sprache, neu bearbeitet von Herrig, §. 794. 4. p. 343. Vgl. Spens. F. Q. I. Procem. After his murdrous spoyles and bloudie rage allayd. — Ob die Prolepsis Who, as they sung, would take the prisoned soul etc., v. 258, nothwendig einer Nachahmung griechischer und lateinischer Constructionen zugeschrieben werden müsse, wage ich nicht zu entscheiden. Das Zeugma v. 936 f. hat Calton als griechisch bezeichnet, doch beruht es auf einer grata negligentia, von der sich auch bei andern englischen Dichtern manche Beispiele finden dürften. Zu v. 661 f. And you a statue, or as Daphne was Root-bound, that fled Apollo, bemerkt Keightley: "This transposition, in imitation of the classics, is not agreeable to the genius of the English language." Todd interpungirt minder richtig, or, as Daphne was, Rootbound, that fled Apollo: der Relativsatz that fled Apollo läßt sich nicht gut durch das aus dem Vergleiche in das erste Glied hinübergespielte Particip root-bound von Daphne trennen. Uebrigens finden wir im Ms. And you a statue fixt, as Daphne was, eine Bestätigung des gegen Todd's Interpunction Erinnerten. Mit dem Ausdruck v. 753, tresses like the morn, haben die Herausgeber außer Od. s. 390. ἐυπλόκαμος ἥως auch Il. ϱ. 51. κόμαι Χαρίτεσσιν ὁμοῖαι verglichen, das gewöhnliche Beispiel für das ausgelassene tertium comparationis. Diese Brachylogie findet sich auch sonst bei unserm Dichter, s. P. L. III. 572. Ob die alterthümliche, Milton nicht allein angehörende Bezeichnung what time (Keightley ad Lyc. v. 28) dem lateinischen quo tempore, oder dem italiänischen qualora entstammt sei, ist kaum zu entscheiden. Ueber unenchanted v. 395 in der Bedeutung von not to be enchanted kann man Keightley nachsehen im Excurs zu P. L. I. 554 (p. 249). Was er angibt, bedarf zwar einer gründlichen Sichtung; allein er hat wenigstens jenen Gebrauch des Participes richtig auf das Lateinische zurückgeführt. Die Construction v. 342 f. if our eyes be barred thy happiness erinnert an das Griechische; doch vgl. man Shakespeare. As you Like it, I. 1. p. 334 Dyce's ed., bars me the place of a brother, auch habe ich bei Richards. b. v. eine analoge Stelle gefunden: They bard him this, where through destroid he was. Mirror for Mag. p. 273. Es kommen dazu noch Einzelheiten in der Diction, wie ill (male) is lost, v. 271*); to do rites (sacra, mysteria facere), v. 535, für to perform rites; if this fail, v. 597, = quod si (me) fallat, cf. P. L. I. 167, if I fail not = ni fallor, Keightley; to invert, v. 682, cf. Hor. S. I. 3. 55. Das von Warton zu v. 349 als ungewöhnlich bezeichnete Wort innumerous (cf. P. L. VII. 455), wofür Milton häufiger innumerable (Com. v. 713) anwendet, darf man, obwohl dem lateinischen innumerus entsprechend, nicht füglich hierherziehen, da es nach Todd's Bemerkung auch sonst bei Milton's Zeitgenossen vorkommt. S. 44 bitte ich nachzutragen, daß Todd den Ausdruck glassy wave, v. 861, mit vitrea unda, Virg. A. VII. 759 verglichen hat.

Die Analyse des Milton'schen Stils läßt sich mit einem Verfahren der Arithmetik vergleichen. Wir haben, so zu sagen, einen Factor, das klassische Element, bisher ausgesondert. Setzen wir dieselbe Operation fort, so bekommen wir hauptsächlich noch vier Factoren, die ich bezeichnen möchte als die biblische Sprache, die Diction Spenser's und der Spenser'schen oder arkadischen Schule, den Stil Shakespeare's und andrer Dramatiker, endlich einzelne Nachahmungen italiänischer Dichter. Mehrere dieser Factoren sind wie das ganze Product selbst wieder Polynome. Dazu kommt aber noch eine incommensurable Größe, Milton's eigner Dichtergenius.

Das biblische Element der Milton'schen Diction ist, um wieder einen mathematischen Ausdruck zu gebrauchen, dem klassischen diametral entgegengesetzt. Man könnte deshalb etwa leicht vermuthen, daß die Vereinigung beider ganz äußerlicher Natur sei. Allein der Dichter

---

*) Von Einfluß auf diese Phrase dürften gewisse Spenser'sche Wendungen mit vorangestelltem ill gewesen sein, wie ill it were, ill beseemes it u. dgl. m.

hat sich zwar durch lange und gründliche Beschäftigung mit griechischen und römischen Schriftstellern in die antiken Formen hineingelebt, zugleich aber wurzelt sein ganzes Denken im Christenthum, seine Seele ist im innersten Grunde von den Geheimnissen der Offenbarung erfüllt. Daher tritt in seinen Werken ein gewisser Syncretismus hervor, der mit seiner Indifferenz gegen manche positive Dogmen bei tief religiöser Concentration des Gemüths zusammenhängt; antike Philosopheme und poetische Conceptionen werden fortwährend mit biblischen Lehren verschmolzen. Dem entspricht nun auf Seiten des Stils die Erscheinung, daß die eben erwähnten, allem Anschein nach einander abstoßenden Bestandtheile sich trotz ihres heterogenen Wesens verbinden müssen; sie durchdringen sich wirklich, weil der Dichter vermöge seiner Geistesbildung sich beiden innerlich verwandt fühlt. Das Mischungsverhältniß ist allerdings in den verschiedenen Werken ein verschiedenes. Während das biblische Element in den späteren Dichtungen bedeutend überwiegt, nehmen wir im Comus wahr, daß die klassische Sprache mit der Diction, welche wir hier einmal ganz kurz als romantische bezeichnen wollen, eine Verbindung eingeht; die religiösen Anschauungen und sprachlichen Wendungen sowohl des Alten als Neuen Testaments treten nur im Einzelnen hinzu, um eine Läuterung und Sublimirung hervorzubringen. Dessen ungeachtet will ich das biblische Element, gewissermaßen als Gegensatz gegen das klassische, gleich hier behandeln, um eine Analyse der biblischen Sprache im engern Sinne des Wortes an das Verhältniß Milton's zu englischen Dichtern anknüpfen zu können.

Im Prolog des Schutzgeistes heißt es, die Menschen seien bei Verfolgung ihrer nichtigen Zwecke der Krone nicht eingedenk, welche die Tugend einst nach diesem vergänglichen Erdenleben ihren treuen Dienern reichen werde, Unmindful of the crown that Virtue gives, After this mortal change, to her true servants Amongst the enthroned Gods on sainted seats. Ich gebe mit Keightley der leichten und natürlichen Art und Weise, wie Fenton den Vers scandirt (th' enthron-d Gods), den Vorzug vor der von Todd festgehaltenen Elision der alten Ausgaben the enthron'd Gods, obgleich sich zur Vertheidigung des letztern anführen ließe the perplex'd paths. v. 37. Das dreisilbige enthroned wird gestützt durch einen Vers Shakspeare's Ant. and Cleop. I. 3. p. 124, Though you in swearing shake the throned gods. Ebenso throned P. L. I. 128. Milton's Ausdruck klingt an den der Tragödie an; aber er dient zur Bezeichnung von etwas wesentlich Verschiedenem. Es sind, wie die Herausgeber richtig erkannt haben, die σύνθρονοι des Heilandes, oder, wie sie geradezu genannt werden, die θρόνοι zu verstehen. In der oben angeführten Stelle, P. L. I. 128, heißen die Engel throned Powers, und III 341 werden fie, mit Rücksicht auf den Wortlaut in Psalm 97. 7, all ye Gods angeredet. Vgl. I. 796, a thousand demi-gods on golden seats, und, was allerdings Satan in den Mund gelegt ist, O Progeny of Heaven, empyreal Thrones, II. 430. Die Commentatoren haben folgende zwei Bibelstellen herbeigezogen: To him that overcometh will I grant to sit with me in my throne, Rev. 3. 21. And round about the throne were four-and-twenty seats: and upon the seats I saw four-and-twenty elders sitting, clothed in white raiment; and they had on their heads crowns of gold. Mit a crown of deathless praise, v. 973, vergleicht Keightley a crown of rightcousness, 2. Tim. 4. 8. Endlich führt Todd noch an G. Fletcher's Gedicht Christ's Victorie. Part. III. st. 51, And ye glad Spirits, that now sainted sit On your celestial thrones in glory drest. Es bedarf wohl kaum der Erwähnung, daß auch der Zusatz after this mortal change eine specifisch christliche Idee ausdrückt.

Biblischen Ursprungs, obgleich von unserm Dichter eigenthümlich gestaltet, ist auch das Symbol des Schlüssels, v. 12—14, Yet none there he, that by due steps aspire To lay their just hands on that golden key, That opes the palace of Eternity. Vgl. Keightley's Citat, B. Jons. The Barriers, zu Ende von p. 560 B, und Lycidas, v. 110. — Die Worte v. 49, as the winds listed, enthalten eine Anspielung auf den Vers St. John 3. 8. The wind bloweth where it listeth, und die Bezeichnung des Ziels, dem die Sonne zueilt, Pacing toward the other goal Of his chamber in the East, v. 101, ist den Worten der Psalmisten entnommen: Which (the sun) is as a bridegroom coming out of his chamber, and rejoiceth as a strong man to run a race. Ps. 19. 5. Die erstere Parallele verdanken wir Warton, die zweite dem Bischof Newton. — Die watchful spheres des Sternenchors, v. 113, führt

Tobb zurück auf Baruch 3, 34. The stars shined in their *watches*. S. die von ihm verglichenen Stellen (Ode on the Nativ. v. 21, Vac. Ex. v. 40. — Goldne Schwingen, wie sie die Hoffnung, den herabschwebenden Engel umgürten (Thou hovering angel *girt* with golden wings, v. 214), finden wir auch in der Beschreibung des Seraphs P. L. V. 277 ff. Der Dichter hat diesem nach Isaiah 6, 2 (Above it stood the seraphims: each one had six wings etc.) sechs Flügel verliehen, von denen das mittlere Paar (abweichend von der biblischen Schilderung) seine Hüfte umgiebt, v. 280 fl. the middle pair *Girl like a starry zone his waist*, and round skirted his loins and thighs, with downy gold And colours dipped in heaven. Die goldnen Schwingen, welche den Engeln nach Tobb's Anmerkung zu Com. v. 214 besonders von der Arkadischen Schule beigelegt zu werden pflegen, sind hier mit den gerade diesen Dichtern eigenthümlichen Farben ausgemalt. — Zu dem Satze, v. 463 ff., But when *Lust, By unchaste looks — — Lets in deflement to the inner parts etc.* führt Warton an Matth. 5, 28. *That whosoever looketh on a woman to lust after her* hath committed adultery with her already in his heart: daß der Dichter sich wirklich auf diesen Vers bezieht, wird durch die von jenem gleichfalls citirte Stelle aus einem seiner prosaischen Werke (Divorce B. II. c. 1. Pr. W. I. 184) klar: He (Christ) censures *an unchaste look* to be an adultery already committed etc. Auch *defilement*, v. 466, gehört der Sprache des Neuen Testamentes an. Cf. Matth. 15, 11. — In Bezug auf v. 782. the sun-clad Power of Chastity, kann man zweifelhaft sein, ob die schon erwähnte Stelle Petrarca's zu dieser Schilderung Anlaß gegeben habe, oder ob sie gleich derselben unmittelbar auf Rev. 12, 1, a woman clothed with the sun, zurückzuführen sei. — Der biblische Ausdruck to visit, v. 339, ist schon im Obigen, p. 41, berührt worden, und von v. 461, The unpolluted temple of the mind, soll weiter unten die Rede sein. — Was aber die Construction to seek to == to repair to (v. 376) anbetrifft, von der Tobb bemerkt, sie sei gewöhnlich in der englischen Bibelübersetzung, so ist sie keineswegs dort allein zu finden, sondern kommt in allen englischen Schriftstellern häufig vor, so bei Maßsinger. S. zwei Citate in Richardson's Wörterbuch, v. seek. Shakespeare, glaube ich, bietet für diesen Gebrauch kein Beispiel dar.

Einen ferneren Bestandtheil in der poetischen Sprache Milton's bilden die Reminiscenzen aus italiänischen Dichtern. In vielen Fällen ist es schwer zu entscheiden, ob ein Einfluß von Seiten des Originals, oder einer poetischen Version stattgefunden habe; besonders gilt dies in Bezug auf einzelne Stellen Tasso's und der freien Uebertragung seines Epos von Fairfax. Einzelne Verse der Art sind schon oben berührt worden, oder werden im Laufe der Untersuchung noch angedeutet werden. Im Ganzen genügt es, auf Keightley's Anmerkungen zu verweisen; denn obgleich dieselben nicht aus umfassenden eignen Studien hervorgegangen sind, so gebührt immerhin diesem Herausgeber das Verdienst, unter den mannigfachen, zum Theil ungehörigen Citaten früherer Commentatoren eine besonnene Auswahl getroffen zu haben.

Was die Spenser'sche oder Arkadische Schule anlangt, so kann ich, da eine ausführliche literarhistorische Charakteristik derselben in dieser Abhandlung nicht am Orte wäre, auf ein Kapitel in Masson's Life of John Milton, p. 409–426, „Survey of British Literature", verweisen. Für unsern Zweck kommen, außer dem Dichter der Faery Queen, hauptsächlich folgende Schriftsteller in Betracht. Browne, der Verfasser von Britannia's Pastorals, deren beide Theile in den Jahren 1613 und 1616 erschienen, ist von Masson (p. 414) als "the most strictly pastoral in the form of his poems" bezeichnet. Die Gebrüder Giles und Phineas Fletcher nennt er "Spenserians of a more pensive and elevated strain than Browne." Dazu kommt Michael Drayton, unter dessen Werken, was den Einfluß auf Milton's Stil im Comus betrifft, besonders die 1613 unter dem Titel Polyolbion erschienene poetische Schilderung England's von Wichtigkeit ist; doch werden wir auch andre seiner Gedichte berücksichtigen müssen. In der eben namhaft gemachten Uebersicht, welche sich auf die 1632 noch lebenden Schriftsteller beschränkt, wird er nicht ausführlich besprochen, sondern nur gelegentlich erwähnt, da er schon im Jahre zuvor gestorben war. Auch Fairfax, welcher seine Uebersetzung des befreiten Jerusalem etwas früher veröffentlichte, gehört zu diesem Dichterkreise, ferner Sylvester, über dessen "Divine Weeks and Works", eine Nachdichtung der Semaine von Du Burtas, Masson in demselben Werke,

p. 71 ff., ausführlich handelt. Auch müssen hin und wieder ein Paar Dichter in Betracht gezogen werden, die einen gewissen Zusammenhang mit der Spenser'schen Schule haben, Alexander Graf von Stirling und William Drummond. — Masson hebt besonders die Arkadischen Allegorien und Fictionen dieser Dichter, sowie ihre Naturbeschreibungen hervor. Ihre Diction glaube ich durch einen Vergleich mit einem eigenthümlichen Stil der Malerei erläutern zu können, etwa mit dem Johann Breughels, des Sammt- oder Blumenbreughels. Es herrscht in den Schilderungen jener Dichter eine minutiöse Behandlung der verschiedenen Gegenstände und eine allzu große Farbenpracht, man möchte fast sagen ein Coquettiren mit buntem Schiller. Es fehlt an der gehörigen Vertheilung von Licht und Schatten, an der Perspective, wodurch das Einzelne in großen Massen verschwindet. Ich werde nun die Stellen des Comus durchgehen, in denen sich ein Einfluß dieser Dichterschule herausstellt.

Die Zusammenstellung in hall or bower, v. 45, worin bower (das angelsächsische bûr; bure im Ormulum; bour, Piers Ploughm. v. 1383) ein Gemach bedeutet, findet sich nach Warton häufig in den alten Balladen, besonders aber treffen wir sie mehrmals in Spenser's Werken an. Ich setze die Citate jenes Erklärers, mit Angabe der Versʒahl, nach Todd's Ausgabe her: Astrophel. v. 28, Merrily masking both in bowre and hall. Colin Clouts come home againe, v. 726, And purchace highest rowmes in bowre and hall. Amphitrite's bower, v. 921, ist nach Warton einem Verse Drayton's entlehnt, welchen ich nicht habe nachsehen können. — Während sich Milton bei der Schilderung der Circe und ihres Sohnes meistens an Homer hält (p. 41), hat er doch v. 51 einen Ausdruck Spenser's, F. Q. II. 1. 55, charmed cup, mit einfließen lassen. Todd zu v. 73. Nach dessen Anm. zu v. 87 ist es auch nicht ganz unwahrscheinlich, unser Dichter habe bei der Beschreibung, wie Gesang und Musik das Tosen der wilden Winde stille und die wogenden Wälder beschwichtige, besonders einen Vers Sylvester's vor Augen gehabt; allein ganz originell wird dieselbe durch die wiederholte Alliteration und durch die ganze Musik der Sprache, welche sich mit vollkommener Harmonie dem Gedanken anschließt. — Zu v. 107, Rigour now is gone to bed, führt Warton zwei Spenser'sche Verse an: Your mery glee is now laid all abed, The doleful lay of Clorinda, Str. 8 (Warton citirt Astrophel), und Sheph. Cal. Dec. v. 137, Delight is layd abedd. — In v. 119, By dimpled brook and fountain-brim, wo es mir nicht hat gelingen wollen, die bedeutungsvolle Alliteration wiederzugeben, gehören beide Ausdrücke der idyllischen Sprache an. Todd citirt Browne's Brit. Past. B. II. S. 5 p. 114 (ed. 1613.) And every river with unusual pride And dimpled cheeke rowles sleeping to the tyde. Hier ist das Bild ganz vollständig; dagegen bei Drayton, Moses his Birth and Miracles, Upon the dimpled bosom of the deep, wie in unsrer Stelle erscheint dimpled schon als conventionelles Epitheton des sanft gekräuselten Wasserspiegels. Zu fountain-brim finden wir unter andern Citaten angegeben Drayton, Bar. W. VI. 36, Sporting with Hebe by a fountain-brim. Vgl. dessen broad-brimm'd Orellana, Polyolb. S. 19 (?), mit Com. v. 924, thy brimmed waves. Auch trim, ein Beiwort der Maaßliebchen, v. 120, ist ein Lieblingsausdruck der Arkadischen Schule und Spenser's selber; es findet sich z. B. nachgestellt, wie im Verse des Comus, Astrophel v. 42, gyrlonds trim. Epithal. 29. fresh garments trim; al. Ebenso gilt dapper, v. 118, für ein Spenser'sches Wort; Sheph. Cal. Oct. v. 13, the dapper ditties, vom Dichter selbst in seinem Glossar erklärt pretie: die Bedeutung scheint nirgends der des deutschen Adjektivs „tapfer" zu entsprechen, wovon man es abzuleiten pflegt. — Quaint für strange, v. 157, (das altfranzösische cointe, nach Diez auch in dieser Bedeutung von cognitus abzuleiten, während Andre die Etymologie des Wortes spalten und neben dem ersteren ein cointe, comptus annehmen) soll nach Warton und Todd ein Spenser'sches Wort sein; ich möchte lieber sagen, es gehört in dieser Bedeutung der alten Dichtersprache überhaupt an, s. die Belege, besonders aus Chaucer, bei Richardson h. v. Dasselbe gilt von glozing und baited, v. 161, 162. — Dun shades, v. 127, kommt, nur umgestellt, in Fairfax' Uebersetzung des Tasso vor, B. IX. str. 62, The horrid darkness, and the shadowes dunne. Todb. — Der Ausdruck in palmers' weeds, v. 189, scheint folgendem Verse entlehnt: I wrapt myselfe in palmers' weed, Spens. F. Q. II. 1. 52; er kommt auch vor bei Drayt. Polyolb. Song. XII. Newton und Warton. Auch die wandering steps, vier Verse weiter, finden wir F. Q. I. 10. 34. Todd, dem wir das letztere Citat so wie überhaupt die meisten derartigen Nachweisungen verdanken, führt das Zeitwort to syllable; v. 208, auf einen Vers in Ph. Fletscher's Gedichten zurück.

Aus Todd's Citaten zu v. 233, the violet-embroider'd vale, ergiebt sich, daß auch die Bezeichnung des Blumenschmucks als einer Stickerei des Erdengewandes bei den Dichtern, welche wir hier im Auge haben, herkömmlich war. Ich füge noch eine bekannte Vergleichung hinzu, welche den Ausgangspunkt bilden dürfte, Chauc. Prol. v. 89 f. (nach Wright's Textrecension), Embrowdid was he, as it were a mede Al ful of fresshe floures, white and reede. Unter jenen Stellen ist hervorzuheben the brodred vale, Browne, Brit. Past. B. II. Song 2, und the flow'r-embroydred earth bei G. Withers, welcher freilich zu einer andern Gruppe von Dichtern zu zählen ist. — Der kühne Ausdruck, Who, as they sung, would take the prison'd soul, And *lap it in Elysium*=wrap it up in Elysium, v. 237, muß ebenso wie Lap me in soft Lydian airs, L'Allegro, v. 136, auf den, von Todd angeführten Vers, Spens. F. Q. V. 6. 6, Amongst loose Ladies *lapped in delight*, zurückgeführt werden. Spenser hat das Verb auch sonst, z. B. F. Q. III. 6. 46; Shakespeare bedient sich desselben öfter; aber ohne Uebertragung, wie in der zuletzt citirten Stelle. Sollte Milton vielleicht an die andre, verwandte Bedeutung des Substantivs angeknüpft und die Vorstellung bosomed in Elysium beabsichtigt haben? — Bei v. 260, Yet they in pleasing slumber lull'd the sense, hat ihm nach Todd der Vers F. Q. Introd. B. III. str. 4 vorgeschwebt, My sences lulled are in slomber of delight. Derselbe bemerkt, daß sich das Beiwort fell Charybdis, v. 259, bei Sylvester findet. — Unter den Citaten der Herausgeber zu v. 265 ff. stehen den Miltonschen wohl Browne's Werke, Brit. Past. B. 1. S. 4, und die Anrede Ferdinands in Shakesp. Temp. I. 2, p. 18, am nächsten. Doch geht aus Allem hervor, daß es eine hergebrachte poetische Wendung ist, welche Warton in letzter Instanz aus Hom. Od. ζ. 149 ff. abgeleitet hat. — Todd citirt ferner in Bezug auf v. 273 einen Vers des Mirror for Magistrates, worin extream shift wie bei Milton den Ausgang des Verses bildet. Der Verfasser, Thomas Sackville, Graf von Dorset, nähert sich besonders in der Induction zu dem erwähnten Werke dem Spenserschen Stil. Was den Accent extreme betrifft, so tritt derselbe bei Shakespeare regelmäßig ein, wenn das Adjectiv voransteht, während es nachgestellt, so wie substantivisch gebraucht einen Jambus zu bilden pflegt. — Todd's Anmerkung: „Swink (v. 293) is the language of Chaucer and Spenser" besagt, daß es überhaupt ein alterthümliches Wort ist. Spenser erklärt es im Glossem zu Sheph-Cal. May v. 36, swinck, labour. Milton eigenthümlich dürfte der Gebrauch des Particips (=tired) sein, wie er auch nach Warton das Substantiv hedger, ebendaselbst, zuerst in die poetische Sprache eingeführt hat — The element is the sky, v. 299, ist man versucht für ein Spenserscher Wort zu halten (Sheph. Cal. Febr. v. 116); doch vergl. einzelne Stellen Shakespeares, wie Twelfth-Night. I. 1. p. 4. Thyer gibt an, das Wort sei im Norden Englands zur Bezeichnung des Himmels noch gebräuchlich. — Plighted weisen Warton und Todd in zahlreichen Stellen älterer Dichter, besonders Chaucer's und Spenser's nach. Der Ausdruck plighted clouds, womit man das glänzende Gespinnst der Wolken, the tissued clouds, Ode on the Nativity, Str. 15 (v. 146) zusammengestellt hat, obgleich dies etwas Aehnliches bezeichnet wie Iris' purfled scarf, Com. v. 995, ist von unserm Dichter selbstständig gebildet, lehnt sich aber einigermaßen an die Bildersprache früherer Dichter an. Vergl. Shakesp. Lucr. Str. 111. Knit poisonous clouds about his golden head, und ein Bild von Fairfax, welches zu v. 221 angeführt zu werden pflegt und welches weiter unten ausführlich besprochen werden soll. — v. 322 — 326, courtesy, Which oft is sooner found in lowly sheds With smoky rafters, than in tapestry halls And*) courts of princes, where it first was nam'd, And yet is most pretended. Bischof Newton hat die unverkennbare Aehnlichkeit dieser

---

*) Ein absichtliches *is* statt *does*, wodurch der Nachdruck auf das zweite Glied fällt. Keightley hat mit Recht die von Todd gebilligte Emendation Warton's *In courts of princes* als unnöthig zurückgewiesen; dazu kommt, daß sie matter ist als die Anknüpfung mit *and*. Milton schrieb ursprünglich in der vorhergehenden Zeile And smoky rafters, änderte es aber, um die Wiederholung von *and* zu Anfang drei auf einanderfolgender Verse zu vermeiden; daß ihm die freiere Anreihung schon da in den Sinn kam, spricht für die Nothwendigkeit, sie v. 325 beizubehalten.

Stelle mit den Versen aufgezeigt, welche im Spenserschen Epos den Anfang des sechsten Buches bilden, Of Court, it seemes, men Courtesie doe call, For that it there most useth to abound; And well beseemeth that in Princes hall That Vertue should be plentifully found. Er führt jedoch nur die erste und zweite Zeile an; aus den beiden andern dürfte hervorgehn, daß man nicht mit Todd eine Stelle Ariosto's (Orl. Fur. c XIV. 62), oder die Uebertragung derselben von Sir John Harington († 1612) herbeizuziehen braucht. Aehnlich ist F. Q. III. 6. 1, So farre from Court and royall Citadell, The great schoolmiatresse of all Courtesy. Die Entgegenstellung der Hütten mit rauchigem Sparrwerk und der fürstlichen Hallen erinnert an denselben Gegensatz in der Anrufung des Schlafes bei Shakespeare, Sec. Part. of Henry IV, A. III. Sc. 1. p. 495; vielleicht gedachte unser Dichter der smoky cribs in diesem Monologe. — Ebenso deutlich ist die Beziehung auf eine Stelle Spenser's in der Anrede an den Mond, v. 331 ff. thou, fair moon,*) That wont'st to love the traveller's benison, Stoop thy pale visage through an amber cloud etc. F. Q. III. 1. 43, heißt es vom Monde, der die Wolken, wo er sie dünner und leichter findet, mit seinen Strahlen durchbricht, und der entmuthigten Welt sein glänzendes Haupt zeigt, Of the poore traveiler that went astrey With thousand blessings she is heried. Außer der Analogie von an amber cloud und dem Verse Where she may finde the substance thin and light, setzt Milton's Ausdruck That wont'st to love the traveller's benison, die citirten Worte gleichsam schon voraus. Unser Dichter übertrifft seinen Vorgänger, dem er die ganze Anschauung verdankt, theils an Kürze, Einfachheit und Leichtigkeit der Darstellung, theils aber, und ganz besonders durch die Innigkeit, welche er seiner Schilderung zu verleihen weiß. Man achte besonders auf den schönen Ausdruck benison (benericun). Bei jenem haben wir es in dem Vergleich, der eine ganze Strophe einnimmt, mit einer schlichten Personification zu thun; Milton haucht in die seine gleichsam die Seele des Mondes hinein. Der letzte Vers (333) enthält zwar im Klange eine gewisse Aehnlichkeit mit einer von Todd darunter gesetzten Stelle zu Anfang der Maske in Beaumont und Fletcher's Maid's Tragedy. 1. 2. p. 3. B, (Bright Cynthia) Appear; no longer thy pale visage shroud, But strike thy silver horns quite through a cloud, worin auch thy pale visage vorkommt; allein Milton setzt die anfänliche Personification des Mondes durch siooping weiter fort. Zur Erläuterung dienen die vollständigeren Worte im Gedicht II Pens. v. 71 f. *as if her head she bowed,* Stooping through a fleecy cloud. Was die nächsten Verse betrifft, so ist allerdings, wie Joseph Warton richtig gefühlt hat, der Ausdruck disinherit Chaos etwas bombastisch, ja ich möchte dasselbe sagen von dem darauf folgenden In double night of darkness and of shades, wozu Todd ein ganz unnöthiges Citat aus Sylvester hinzufügt. Die biblische Sprache wird variirt durch reigns und usurping (v. 337), wozu disinherit = dispossess paßt. Vergl. außer Leightley's Anmerkungen zu Com. v. 334, und On Shakesp. v. 5 (heir = possessor), auch ben Gebrauch von to inherit in Stellen wie Shakesp. Temp. IV. 1. p. 51. Cor. II. 1. p. 682 u. sonst. Daß influence von planetarischer Einwirkung gesagt wird, ist aus Shakespeare u. Spenser bekannt; Milton gebraucht das Wort häufig in dieser Bedeutung. Cf. Trench, English Past and Present, p. 131.
Ueber v. 374 u. 378 vgl. p. 39 dieser Abh. — The unsunn'd heaps Of miser's treasure führt Todd zurück auf F. Q. II. 7. Arg. Guyon findes Mammon in a delve Sunning his threasure hore. — Zu squint suspicion, v. 413, citirt Thyer F. Q. III. 12. 15, eine Stelle, die vielleicht den Ausdruck in P. L. IV. 502 ff. bestimmt haben mag, aber mit der unsrigen so gut wie nichts gemein hat. Passender hat Todd squint-ey'd Suspicion aus Quarles angeführt; doch kann Milton sein Adjectiv auch unabhängig von dem Letzern ersonnen haben. — Den Ausdruck where Desolation dwells, v. 428, hat Todd in Davies's Scourge of Folly (1611) entdeckt, doch gehört dieser Schriftsteller der Spenserschen Schule nicht an; horrid shades im folgenden Verse, was auch P. L. IX. 165 und P. R. I. 296 wiederkehrt,

---

*) Der Ausdruck fair moon kommt nach Todd's Angabe in einem Sonnette von Drummont vor, ohne daß wir darum bei einem so nahe liegenden Adjectiv anzunehmen brauchen, es sei von Milton jenem Dichter entlehnt. Ebenso P. L. IV. 649.

vindicirt jener gelehrte Commentator dem Ueberſetzer des Du Bartas, vergleicht aber auch eine
Stelle aus Taſſo's befreitem Jeruſalem (XII. 24.) — v. 455, A thousand liveried Angels
lackey her. Auf T. Warton's Bemerkung: "The idea, without the lowness of allusion
and expression, is repeated in P. L. VIII. 559, About her, as a guard angelick, plac'd
entgegnet Keightley: "This word (liveried) and lackey seem too familiar at the present day;
but they were not regarded under so low a point of view by our forefathers. To drive
you so on foot, unfit to tread And lackey by him, gainst all womanhead. F. Q. VI.
2. 15." Cf. Shakesp. Ant. and Cl. 1. 4, p. 129, lackeying the varying tide, nach Theo-
bald's Emendation. (Fol. lacking.) Auch livery war zu Milton's Zeit keineswegs ein un-
poetiſches Wort. Cf. Shakesp. Ven. and Ad. Str. 85. O never let their crimson liveries
wear, Str. 185. (This boar) Ne'er saw the beauteous livery that he wore. Mids. N. Dr.
II. 1. (2), p. 190, The childing autumn, angry winter change Their wonted liveries. al.
Vgl. auch Il Pens. 10, The fickle pensioners of Morpheus', train und Mids. N. Dr. II. 1. in
The cowslips tall her pensioners be. Die Bezeichnung rifted rocks, v. 518, iſt nach dem Vorgange Drayton's, Polyolb.
Song 14, gewählt. Im 9ten Geſange deſſelben Werkes findet ſich with dews besprent (Com.
542, dew-besprent). Spenſer hat with tears besprint, Sheph. Cal. Nov. v. 111, und das
bei Chaucer (neben y-spreynd, C. T. v. 2171) öfter vorkommende einfache Participium sprent,
F. Q. II. 12. 45. al.; auch bei Ph. Fletcher und im Mirr. for Mag. treffen wir es an. Wir
können es alſo wohl zu den charakteriſtiſchen Ausdrücken der Spenſerſchen Schule zählen, zumal
da Shakeſpeare ſich deſſelben nicht bedient. Die Formen des alten Zeitworts ſind nach Halli-
well von Mäßner, Engl. Gramm. p. 336, zuſammengeſtellt. Die Commentatoren haben außer
den beiden eben erwähnten Stellen Drayton's hingewieſen auf Spens. F. Q. I. 1. 23, As
gentle shepheard in sweet eventide, When ruddy Phebus gins to welke in west, High on
an hill, his flock to vewen wide, Markes which doe byte their hairy supper heat. Die
Nachahmung iſt unverkennbar in den Verſen, by then the chewing flocks Had ta'en their
supper on the savoury herb Of knot-grass dew-besprent, and were in fold, Com. v. 540
— 542. Der Ton der ganzen Schilderung iſt im Charakter der Arkadiſchen Schule; von den
Ausdrücken bebe ich beſonders the savoury herb hervor, womit man z. B. vergleichen kann
well-savored als Beiwort von hearbs and fruits, F. Q. II. 7. 51. Außer einer weiter unten zu erwähnenden Reminiscenz aus Shakeſpeare enthalten die unmittelbar darauf folgenden
Verſe im Wortlaut etwas, was wir Todd's Nachweiſungen,zufolge als urſprüngliches Eigenthum theils Spenſers ſelbſt, theils Browne's und andrer Dichter aus dieſer Schule anſehen
müſſen; es iſt das Participium interwove und die Bezeichnung rural minstrelsy. Dazu kommen ein Paar bisher überſehene Anklänge an Verſe des Gedichts Colin Clouts come home
againe; es heißt darin v. 10. At last, when as he piped had his fill, He rested him, wonach mit der Satz gebildet zu ſein ſcheint Till fancy had her fill, Com. v. 545; auch a pleasing
fit, Com. v. 546, erinnert an das allerdings in andrer Bedeutung gebrauchte some pleasant
fit, Col. Clout. v. 69.
Die Nachweiſe der Herausgeber zu v. 560, I was all ear, haben keine Bedeutung;
dieſe Redeweiſe iſt im Engliſchen gerade ſo gewöhnlich, wie in unſrer Mutterſprache. Hingegen the sooty flag of Acheron, v. 604, iſt hervorgegangen aus einer Erinnerung des von
Todd citirten Verſes All hell run out, and sooty flagges display, der ſich in Ph. Fletcher's
Gedichte Locusts findet. Ferner gehört die Zuſammenſtellung Harpies and Hydras in der
nächſten Zeile urſprünglich Sylveſter an, ebenſo ghastly furies, v. 641. Auf die Schilderung
des Krautes Haemony in dieſer Stelle hat vielleicht die des Caduceus, F. Q. II. 12. 41,
Einfluß ausgeübt, wo es zum Schluſſe heißt And rule the Furyes when they most doe rage.
Mit all the monstrous forms Twixt Africa and Ind, v. 605 f. vergleicht Warton Taſſo's
befreites Jeruſalem in der Ueberſetzung von Fairfax, XV. 51, All monsters which hot Africke
forth doth send Twixt Nilus, Atlas, and the southern Cape, Were all there met, mit
dem Zuſatz: "Milton often copies Fairfax, and not his original." — Zu den Beiwerfen des
Spenſerſchen Stils möchte ich das Adjectiv luscious (luscious liquor, v. 652.) zählen, vgl.

F. Q. II. 12. 54, luscious wine, ebenso das Wort syrop, v. 674 (f. drei Citate aus Drayton bei Richardson h. v.); daß der Ausdruck dainty limbs!, v. 680, sich in Spenser's Epos wiederholt, hat Todd angegeben. — Warton bietet zu v. 694, grim aspects, außer einem Citat aus Drayton auch das folgende dar, F. Q. V. 9. 48, Then brought he forth with griesly grim aspect Abhorred Murder; vgl. Shakesp. First P. of Henry VI. A. II. Sc. 3, p. 26, A second Hector, for his grim aspect etc., besonders aber F. Q. II. 12. 23, Most ugly shapes and horrible aspects, weil hier das Wort wie im Comus die erscheinenden unheimlichen Wesen bezeichnet. Auch griesly (grisely) in jener Stelle gehört zu Spenser's Lieblingsausdrücken (griesly monsters u. dgl.), es findet sich so oft, daß Citate mir unnöthig scheinen; mit unsrer Dichtung haben wir the grisly legions, v. 603. — Zu v. 734, And so bestud with stars, führt T. Warton Sylvester's Bezeichnung der Sterne als glistering studs und the gilt studs of the firmament, außerdem aber einen Vers an aus Drayton's Epistle from King John to Matilda; es wird vom Himmel gesagt: Would she put on her star-bestudded crown. Weiter unten wird sich herausstellen, daß Milton dies Gedicht in den bald darauf folgenden Versen bestimmt vor Augen gehabt hat. — Der elegante Euphemismus cheeks of sorry grain, v. 750, worin das letzte Wort nach den Erklärern technischen Ursprungs ist, hat einen Vorgang an einem Verse in Drummond's Sonnetten, Nor snow of cheekes with Tyrian graine enroll'd; Todd citirt nicht bestimmter, wie er dies in der Regel unterläßt, er fügt noch eine Stelle aus Sir Philip Sidney's Astrophel hinzu, die außer engrained den Ausdruck vermilion dies enthält. Vermeil-tinctured, v. 752, ist nach Analogie des Drayton'schen Epithetons rosy-tinctured oder rosy-tincted in der eben erwähnten Dichtung gebildet; aber alle diese Ausdrücke tinct (Sheph. Cal. Nov. v. 107), grain, vermeil (vermil, vermily, vermillion), werden von Spenser mit Vorliebe gebraucht, vgl. Epithalamion, v. 228 ff. How the red roses flush up in her cheekes, And the pure snow, with goodly vermill stayne, Like crimsin dyde in grayne; Sheph. Cal. Febr. v. 131, leaves engrained in lustie green, al. — Zu love-darting eyes, v. 753, setzt Warton hinzu love-darting eyn aus der Uebersetzung des Du Bartas, p. 399, ed. fol. Die Bemerkung desselben Erklärers zu v. 790, rhetorick sei ein Lieblingsausdruck Sylvesters, besagt nichts; auch andre Dichter bedienen sich des Wortes gern, wie z. B. Shakespeare mehrmals in Love's Labour's Lost.

v. 811 f., one sip of this Will bathe the drooping spirits in delight. Warton vergleicht Fairfax' Uebersetzung des Tasso, XIV, 74, One sup thereof the drinker's heart doth bring To sudden joy, und Todd führt an Spens. F. Q. I. 1. 47, That nigh his manly hart did melt away, Bathed in wanton bliss and wicked joy. Den Ursprung dieser poetischen Wendung glaubt er in Chaucer's C. T. v. 6835, His herte bathid in a bath of blisse (nach Wright's Textrecension) zu entdecken; und eins seiner andern Citate, Mirr. for Mag. p. 606 (ed. 1610), She bath'd in blisse, while he lay drown'd in woe, dürfte uns schon veranlassen, darin eins der Elemente zu sehen, welche als charakteristisch für die Diction der ganzen Schule gelten können. Man kann aber noch vergleichen F. Q. II. 12. 60, Whylest others did themselves embay in liquid joyes; II. 8. 55. His hart with great affection was embayd, so wie eine Stelle aus Giles Fletcher's Gedicht Christ's Triumph over Death bei Richardson v. embay. Daß dies Verbum ursprünglich gleich to imbathe, und übertragen so viel als to delight sei, bedarf kaum einer Erwähnung. Spenser scheint, sich der Form to imbathe, welche Com. v. 837 in eigentlicher Bedeutung vorkommt, nicht zu bedienen; Todd weist dieselbe nach in einer Stelle des Werkes Tasso's Aminto English aus dem Jahre 1628. — The soothest shepherd that e'er pip'd on plains, v. 823, parallelisirt Warton mit Col. Clouts come home againe, v. 12 f., a jolly groome was he, As ever piped on an oaten reed. Vgl. die p. 35 citirte Stelle, Faithf. Sheph. I. 1. v. 2. — Für äußerst charakteristisch halte ich, daß die Erzählung von den Schicksalen der Sabrina, v. 827 ff., welche hauptsächlich aus Spenser (F. Q. II. 10. 19) genommen ist, mit einem Lieblingsausdruck dieses Dichters, whilom (whylome), bekannt gleich aus dem Anfang der Faerie Queene, eingeleitet wird. — In den folgenden Versen sind die pearled wrists der Wassernymphen ganz im Geschmack der Arkadischen Dichter eingefügt (Citate bei Warton zu v. 823), obgleich der Ausdruck keineswegs copirt zu sein scheint.

Für nectar'd findet sich bei Richardson ein Citat (nectar'd liquor) aus einer der sogenannten „monarchischen Tragödien" des Grafen von Stirling, über dessen Zusammenhang mit der Spenser'schen Schule man in ■■■■'s Life of John Milton, p. 421 f. nachlesen kann. Daß die ganze von Thyrsis entworfene Schilderung der Schicksale Sabrina's, ihrer Wirksamkeit und Verehrung den Ton Spenserscher Idyllen vollkommen trifft, wird keinem aufmerksamen Leser entgangen sein. In Betreff des Einzelnen mache ich auf daffadils v. 851, eine Lieblingsblume Spenser's, aufmerksam. F. Q. III. 4. 29. Sheph. Cal. Apr. v. 60, 140, al. Wie Sabrina, v. 862, kränzen sich auch andre Flußnymphen in Drayton's Polyolbion häufig mit Lilien. Warton in der Anm. zu dem erwähnten Verse. Den Ausdruck to carol*) loud, v. 849, hat Todd in Ph. Fletcher's Piscatory Eclogues, p. 7. (ed. 1633.) entdeckt, und mit the numming spell, v. 853, henumming charmes, Drayt. Barons Warres, C. II. st. 11, verglichen.

Eine ausführlichere Besprechung verdient die Stelle, v. 862 f., In twisted braids of lillies knitting The loose train of thy amber-dropping hair. Erstens müssen wir festhalten, daß der Bernstein, so zu sagen, zum decorativen Apparat der Schule gehört, um deren Einfluß auf Milton's Diction es sich hier handelt. Wo die Schätze der Flut aufgezählt werden, darf derselbe nicht fehlen; um nur ein Beispiel anzuführen, vgl. F. Q. III. 4. 23. (P. L. VI. 759.) Zweitens war amber zur Zeit Spenser's und Shakespeare's ein gewöhnlicher Dichterausdruck für alles Helle und Glänzende. Wir haben, wenn wir bei Milton stehen bleiben, an amber cloud, Com. v. 333, und amber light, L'Allegro, v. 61. Die Beschreibung im P. L. III. 358 f., where the River of Bliss through midst of Heaven Rolls o'er Elysian flowers her amber stream (cf. P. R. III. 288.), hat Bischof Newton zusammengehalten mit Virg. Georg. III. 522, Purior electro campum petit amnis, und mit Callim. hymn. in Cer. v. 29, τὸ δ᾽ ὥστ᾽ ἀλέκτρινον ὕδωρ Ἐξ ἀμαρᾶν ἀνίθυε. Ich möchte darin gern etwas mehr sehen, als eine Bezeichnung des hellen und klaren Wassers, wie silver lake, Com. v. 865 (cf. P. L. VII. 437.), Bergströme zeigen eine goldne Färbung; ob jedoch der Dichter diese Anschauung auf den Lauf seines Flusses durch die Ebene übertragen, oder ihm bloß ein epitheton ornans beigelegt habe, ist kaum zu entscheiden. Am gewöhnlichsten tritt amber als Beiwort der Haare auf, wie die crystal tresses des Kometen, Shakesp. First P. of Henry VI. A. 1. Sc. 1. v. 3, und orient hair (as bright as orient pearls), Ben Jons. Barriers, p. 560 B. So bei Shakespeare, Love's L. L. IV. 3. p. 120, Her amber hairn for foul have amber quoted; andere Citate findet man bei Richardson h. v. Sylvester bedient sich nach Warton zu unsrer Stelle mehrmals des Ausdrucks amber locks, und Todd führt aus Nash's Terors of the Night (1594), einem Werke, welches Milton, nach andern Citaten zu schließen, gekannt und bei der Abfassung des Comus hin und wieder vor Augen gehabt haben dürfte, folgende Beschreibung entkleideter Jungfrauen an: "Their haire they ware loose vnrowled about their shoulders, whose dangling amber trammels, reaching downe beneath their knees, seemed to drop baulme on their delicious bodies." Das Wort drückte wohl nicht nur die Farbe (flavus), sondern zugleich den Glanz der Locken aus. Nun vermuthet T. Warton, amber und ambergris (ambergreece, gris-amber, P. R. II. 344) seien von den alten Dichtern oft verwechselt worden, wobei das Hauptgewicht auf Sams. Ag. v. 720 fällt, An amber sent of odorous perfume. Vgl. eine Stelle aus Sylv. Du Bart. in Todd's Note zu v. 988. Dies wendet Keightley auf unsre Stelle an, so daß dieselbe Ausdrücken genähert wird wie to drop baulme bei Nash, oder P. L. V. 57, his dewy locks distilled Ambrosia, nicht wesentlich verschieden von Virg. Aen. I. 403, Ambrosiaeque comae divinum vertice odorem Spiravere oder der einfachen Bezeichnung ἀμβρόσιαι χαῖται bei Homer. Dann ist es schwer zu sagen, ob dropping ein wirkliches Herabträufeln bezeichnet, oder sich bloß auf den ausströmenden Duft bezieht, ebenso distilled l. c. Cf. Com. v. 106, Dropping odours, dropping wine. Das Richtige liegt in Warton's Erklärung: "Liquid amber is a yellow pellucid gum. Sabrina's hair drops amber, because, in the poet's idea, her stream was supposed to be transparent."

---

*) Shakespeare hat das Substantiv in seinen Dramen nur zweimal, das Verbum gar nicht; bei Spenser kommt es sehr oft vor.

Daju kommt, daß Bernsteinzierrathen im Zeitalter der Elisabeth getragen wurden so gut wie heut zu Tage; man ersieht es aus Shakesp. Taming of the Shrew, III. 4. p. 478, wo ein langes Verzeichniß von Schmuckartikeln geschlossen wird mit amber bracelets, beads, and all this knavery. Beiläufig bemerkt, tragen schon die alten Britten Bernsteinperlen, von denen man Exemplare in Grabmälern gefunden hat. Sharon Turner's Hist. of the Anglo-Saxons. III. 388. (Baudry's ed.) Wem ließe sich aber dieser Schmuck passender beilegen als einer Nymphe, deren Fluß an die Farbe desselben erinnert. Jedoch bleibt er nicht bloß eine äußere Zier wie die Armschnur aus Perlen, v. 834; sondern der Dichter belebt auch hier wieder sein Bild. Aus goldenen Haaren fallen Bernsteinperlen herab wie Tropfen flüssigen Goldes.

Daß im Mirror for Mag. gerade der Saverne silver waves beigelegt werden, und daß sich der Ausdruck silver lake zufällig bei Carew findet, hat auf Com. v. 865 schwerlich Einfluß ausgeübt; die Bezeichnung ist den meisten Sprachen gemeinsam, vom Homerischen ἀργυροδίνης an bis zu unserm „silberflaren, reinen Elemente." Es ist schon hervorgehoben (p. 45), wie der Anruf an Sabrina aus dem klassischen Gebiete allmälig in das der Spenserschen Schule übergeht; wir können als vermittelndes Glied das Compositum tinsel-slippered ansehen. Die Erklärer haben die Erwähnung der Sirene Ligea in Drayton's Polyolb. S. 20, rocks of diamonds bei verschiedenen Dichtern, sowie die Analogie von coral-paven bed mit dem Ausdruck pearl-paved in dem eben erwähnten Werke nachgewiesen und angedeutet, daß die Bestandtheile von rushy-fringed") einzeln als Epitheta von bank bei Spenser, Browne, Drayton vorkommen, ferner daß im Mids. N. Dr. II. 1. (2.) p. 189 sich findet, By paved fountain or by rushy brook. Ich füge zur Vergleichung mit wily glance, v. 884, hinzu Spens. F. Q. III. 10. 5, So perfect in that art was Paridell, That he Malbeccoes halfen eye did wyle; His halfen eye he wied wondrous well, And Hellenors both eyes did eke beguyle. — Die Schilderung des reichverzierten Wagens, in dem Sabrina fährt, hat Warton auf Drayt. Pol. S. 5 zurückgeführt. In den Versen Thick set with agate, and the azurn sheen Of turkis blue, and emerald green, That in the channel strays, 893 — 895, und May thy billows roll ashore The beryl and the golden ore, v. 932 f., gibt uns der Dichter, wenn mir der Ausdruck erlaubt ist, einen Juwelenkatalog im Geschmack der Spenserianer. Tobb citirt Spens. F. Q. III. 4. 18, which (the strond), as she over-went, She saw bestrowed all with rich array Of pearles and pretious stones of great assay, And all the gravell mixt with golden owre. Vgl. auch eine Stelle aus G. Peele's Stück The Love of King David und faire Bethsabe bei Warton, unter v. 934. — Zu p. 32 habe ich aus Tobb's Note, v. 907, nachzutragen, daß sich Spenser, F. Q. III. 12. 31, des Ausdrucks the vile enchaunter bedient. — Thy rubied lips, v. 915, ist wiederum eine allgemeine dichterische Bezeichnung; näher noch als Tobb's Citate liegt Shakesp. Jul. Cæs. III. 1. p. 332; von den Wunden, Which, like dumb mouths, do ope their ruby lips. Bei Spenser haben wir F. Q. II. 3. 34, And twixt the perles and rubins softly brake A silver sound, u. dgl. m. — In Bezug auf v. 918, chaste palms, find p. 35 verschiedene Citate beigebracht, auch F. Q. III. 11. 6 (die chaste hands der jungfräulichen Britomart). — Mit v. 930 f., Nor (may) wet October's torrent flood Thy molten crystal fill with mud vergleicht Tobb, nach Dunster's Vorgang, eine Stelle in Sylvester's Du Bartas (p. 171, ed. 1621.), dirty muds Defil'd the crystal of smooth-sliding floods. Daß Milton sich dieser Verse erinnert haben müsse, folgert sener Herausgeber aus Lyc. v. 85 f., thou honoured *flood, Smooth-sliding* Mincius. Die Wiederkehr der Sylvester'schen Reime in unserer Stelle wird um so weniger als zufällig gelten, wenn man den Notenapparat der Herausgeber zu den ersten Erzeugnissen der Milton'schen Muse, den Paraphrasen des 114ten und 136sten Psalmes (in Tobb's Ausgabe Vol. IV. p. 346 ff.) ansieht,

---

*) Warton schlägt vor rush-yfringed und ice-ypearled, On the Death of a fair Infant, v. 15. Allein Tobb macht in der Anm. zu der letztern Stelle auf rosy-bosomed, flowery-kirtled, fiery-wheeled aufmerksam. (snaky-headed, Com. v. 417.) Milton bedient sich des alten Präfixes y (= ge, ge), welches bei Spenser so häufig auftritt und bei Shakespeare in yclad, ycleped, yravished, yslaked vorkommt, nur ein einziges Mal, Ode on the Nat. v. 155, those ychained in sleep. Das part. praes. star-ypointing, On Shakesp. v. 4, läßt sich streng genommen nicht vergleichen.

worin gerade diefe Art von Reminiscenzen aus der Ueberfeßung des Du Bartas ftarf hervortritt.
Cf. Masson's Life of Milton, p. 78. Aehnlich verhält es fich mit den Reimen roses, reposes, v. 998 f., die bei Sylvester und Drayton vorkommen. Todd zu diefer Stelle u. Warton zu v. 1016. — Zu v. 984 f., May thy lofty head be crown'd With many a tower and terrace round, And, here and there thy banks upon, With groves of myrrh and cinnamon, fcheint mir der Dichter fich anzulehnen an Drayt. Polyolh. S. 26, I throw my chrystal arms along the flowry vallies, Which lying sleek and smooth as any garden allies, Do give me leave to play, whilst they do court my stream, And crown my winding banks with many an anadem. Der von Warton citirten Stelle, Faithf. Sheph. III. s. f. ift p. 34 Erwähnung gefchehen; dagegen verdient fein Citat aus Britannia's Pastorals, B. I. S. 1, wie ich glaube, weniger Aufmerkfamkeit als die eben beigebrachten Verfe Drayton's. — Mincing (the mincing Dryades, v. 964), ohne den Vorwurf des Weibifchen in fich zu fchließen, wie Isaiah 3, 16 oder Shakesp. Merch. of Ven. III. 4. p. 297, ift ein Draytonfcher Ausdruck. Doch man vergleiche außer den zwei von Warton gegebenen Citaten eine Stelle bei Richardson. h. v. Sie fteht in der Paraenesis to Prince Henry von Samuel Daniel († 1619), einem Dichter, welchen wir den Spenferianern nicht ohne Weiteres zuzählen dürfen, und enthält den Ausdruck a mercuriall mince; diefer hat vielleicht Anlaß gegeben zu v. 963, As Mercury did first devise. Nicht unähnlich dem hierin Ausgefprochenen ift der vorlegte Gefang des Chors in Ben Jonfon's Maskenfpiel The Vision of Delight, p. 606 B. — Von hard assays, v. 972, fagt Todd, es fei eine gewöhnliche Phrafe in Fairfax' Ueberfegung des Taffo; er gibt auch zwei Citate aus Spenfer's Werken, und weiß nach, daß Milton fich des Ausdrucks öfter bedient habe. —
Wir haben fchon im Obigen (p. 45.) darauf aufmerkfam gemacht, daß die Beziehungen des Epilogs (v. 976 ff.) auf klaffifche Dichterftellen in einer durchaus modernen Diction vorgetragen find, fo daß wir hier unwillkürlich an den zweiten Theil des Recitativs erinnert werden, welches fich dem Gefang an Sabrina anfchließt. Aus den Anmerkungen der Herausgeber erhellt, daß folgende Ausdrücke denen der Spenfer'fchen Schule entfprechen. Musky ift wohl ein dem Sylvefter entlehntes Wort, nur eigenthümlich von Milton gebraucht in musky wing; nard and cassia aber find, fo zu fagen, Ariatifche Spezereien. Zwar haben wir v. 994 f. als Nachahmung eines Ovidifchen Verfes bezeichnet, doch purfled mag, obgleich fchon von frühern Dichtern gebraucht, als Spenferfches Wort gelten. Dem Sylvefter hat man den Urfprung des Ausdrucks bowed welkin, der fich jedoch im Miltonfchen Manufcript nicht findet, fowie auch das Emporklimmen v. 1020 zuweifen wollen; das leßtere darf jedoch kaum als Reminiscenz angefehen werden. Endlich hat Warton zu v. 998 ff. die Befchreibung, welche Spenfer von den Gärten des Adonis gibt, F. Q. III. 6. 46 ff., und zu v. 9010 f. deffen Hymne in honour of Love, v. 280 ff. herbeigezogen. In diefem Punkte hat er wohl Unrecht. Daß Youth and Joy, als ein feeliges Zwillingspaar, dem himmlifchen Cupido von feiner Pfyche geboren worden, ift eine freie Dichtung Milton's, allerdings im Stil der Spenfer'fchen Allegorien.
Eine Stelle habe ich deshalb an's Ende diefes Abfchnitts ftellen wollen, weil fie gleichfam typifch ift für die Art und Weife, wie fich Milton zwar an feine Vorgänger anfchließt, aber durch eine, oft leichte Aenderung fchönere und vollendetere Bilder zu fchaffen weiß. Es find die Verfe, 221 — 225, Was I deceiv'd, or did a sable cloud Turn forth her silver lining on the night? I did not err, there does a sable cloud Turn forth her silver lining on the night, And casts a gleam over this tufted grove. Bei Fairfax in der Ueberfegung des Taffo, XVII. 57, fand unfer Dichter den Vers vor: With rays of silver and with rays of gold, Which the dark folds of Night's black mantle lined. (Mit Silberftrahlen und mit goldnen Strahlen, Dem Saum am fchwarzen Faltenkleid der Nacht.) To line dürfte in diefer Stelle fchwerlich etwas Anderes bedeuten als to edge (einfaffen). Es ift alfo ein ähnliches Bild wie P. L. V. 185 ff. Ye Mists and Exhalations that now rise From hill or steaming lake, dusky or gray, Till the sun paint your fleecy skirts with gold. Die ganze Anfchauung konnte in jenem Zeitalter um fo weniger fern liegen, da lichtgefäumte Wolken auch zu dem Zwecke theatralifcher Decoration benugt wurden. S. mein Citat aus Ben Jonson's Masque of Blackness p. 21 diefer Abhandlung. Unfer Dichter jedoch, dem die Stelle bei Fairfax offenbar

vorschwebte, substituirte dem Zeitwort to line eine andre, und zwar die gewöhnlichere Bedeutung. Das dunkle Gewand einer Wolke (a sable cloud wie sable-vested Night, P. L. II. 962) ist mit Brocat gefüttert (silver lining), und indem sie es zurückschlägt, bildet dieser lichte Stoff der innern Seite ihren Silbersaum. Zugleich nahm Milton, statt des nach Weise der Spenserianer wiederholten rays, die rhetorische Figur Ovid's zu Hülfe: Fallor, an arma sonant? Non fallimur, arma sonabant. Vgl. p. 43. Und indem er der Wolke die Bewegung des Lebens verlieh, erweiterte er das ursprüngliche, ziemlich einfache Bild zu einer vollständigen Situation.

Man gestatte mir hier einen Excurs über die Stelle II. Penn. v. 5 — 8, Dwell in some idle brain, And fancies fond with gaudy shapes posses, As thick and numberless As the gay motes that people the sun-beams. T. Warton bemerkt dazu: "I have formerly observed, that this line is from Chaucer, Wife (Wyf) of Bathes Tale, v. 868, *As thick as motes in the sunne-beams*. As probably from Drayton, Mus. Elys. Nymph. VI. Vol. IV. p. 1494, edit. ut supra (ed. Oldys, 1753.), As thick as ye discern the atoms in the beams. But it was now a common illustration." Nachdem allerlei Citate gegeben, bemerkt er zum Schluß: "Sylvester certainly suggested the idea." Deffen Vers Th'unnumbred moats which in the sun do play (Du Bartas, p. 316, edit. fol. 1621) ist in Warton's Anm. zu v. 7 mitgetheilt. Die Stelle der Cant. Tales lautet nach Wright's Text vollständig, v. 6447 — 6454, For now the grete charité and prayeres Of lymytours and other holy freres, That sechen every lond and every streem, As thick as motis in the sonne-beem, Blessynge halles etc. That makith that ther ben no fayeries. Der naiven Anschauung Chaucer's bietet sich bei dem Sonnenstäubchen nur der Umstand dar, daß sie gleichsam einen dichten Schwarm bilden, wie die Vögel und Fliegen, ll. ß. 459 ff. 469 ff., und er benutzt ihre zahllose Menge zu einer komischen Uebertreibung, um zu schildern, wie das ganze Land mit allen Sorten der Mönche, Bet- und Bettelbrüder überfüllt sei. So originell auch der Vers klingt, As thick as motis in the sonne-beem, so elegant auch der Ausdruck scheint; im Grunde besagt er nicht viel mehr als die gewöhnliche sprichwörtliche Redensart as thick as hail, wofür unser Dichter, P. L. III. 61, eine poetischere Bezeichnung, thick as stars, und Shakespeare in komischer Wendung, Temp. II. 1. p. 15, as thick as honeycomb darbietet. Milton's Auffassung deffelben Gegenstandes läßt sich gewissermaßen mit der Schilderung unsers deutschen Dichters in der Fantasie an Laura, Str. 4, vergleichen:

    Sonnenstäubchen paart mit Sonnenstäubchen
    Sich in trauter Harmonie,
    Sphären in einander lenkt die Liebe,
    Weltsysteme dauern nur durch sie.

Wie hier die um einander kreisenden Sonnenstäubchen mit dem von Liebe beseelten Weltsysteme zusammengestellt werden, so belebt sie Milton und bevölkert mit ihnen die Sonnenstrahlen. Sein Adjectiv gay hat eine intensivere Bedeutung als das Verbum to play in dem Sylvesterschen Verse, der gewiß in seinem Gedächtnisse haftete. Eine Personification liegt darin so wenig wie in folgender Stelle, Shakesp. Pericl. IV. 3. (4.) p. 421, Like motes and shadows see them move awhile. Ju Bezug auf gay vergleiche man Com. v. 298 ff. I took it for a faery vision Of some gay creatures of the element, That in the colours of the rainbow live And play i'the plighted clouds. Jenes Bild kommt erst zu seiner vollen Bedeutung durch die kurz zuvor erwähnten glänzenden Trugbilder und durch die Träume, welche als unbeständige Ehrenwache das Gefolge des Morpheus bilden. Gleich diesen gaukeln auch die Sonnenstäubchen lustig durch einander. Die Schilderung ist so bezaubernd, weil ein Jeder sich sagen wird, daß seine Augen schon oft Minuten lang den leuchtenden, um einander kreisenden Atomen auf ihrer Bahn gefolgt sind.

Ich komme nun zum letzten Kapitel meiner Arbeit, worin die Nachahmung Shakespearescher Stellen im Comus behandelt werden soll. Von the enthroned Gods, v. 11, und the throned gods, Ant. and Cleop. I. 3. p. 126, ist schon die Rede gewesen. — Mit v. 21 ff. the sea-girt isles, That, like to rich and various gems, inlay The unadorned bosom of the deep, hat Warton verglichen Rich. II. Act II. Sc. 1. p. 292. Dyce's ed.,*) This precious stone set in the silver sea. Was er hinzusetzt, beweist, wie wenig er es versteht, sich unbefangen in das Bild eines Dichters zu versenken. Er sagt: "But Milton has heightened the comparison, omitting Shakspeare's petty conceit of the *silver* sea, the conception of a jeweller (!), and substituting another and a more striking piece of imagery. This rich *inlay*, to use an expression in the P. L.,**) gives beauty to the bosom of the deep; else *unadorned*. It has its effect on a simple ground. Thus the *bare earth*, before the creation, was "desart and bare, unsightly, *unadorned*." P. L. VII. 314." Mit unadorned für otherwise unadorned hat der Ausdruck Aehnlichkeit, P. L. V. 189. Whether to deck with clouds the uncoloured sky. Die Bezeichnung the bosom of the deep (ἁλὸς εὐρέα κόλπον) treffen wir bei Dichtern vor Milton's Zeitalter nicht selten an.***) Ohne daher behaupten zu wollen, die Worte the unadorned bosom of the deep seien den Homerischen nachgebildet, können wir sie dennoch auch insofern damit paralleliren, als die Adjectiva in beiden die Vorstellung einer ununterbrochenen Wogenmasse hervorrufen. Was ich schon im Obigen mit andern Worten behauptet habe, unser Dichter stelle häufig die ursprüngliche Frische sinnlicher Anschauungen wieder her, oder lege in conventionell gewordne und somit verwischte metaphorische Ausdrücke etwas Neues hinein, glaube ich auf die vorliegende Stelle anwenden zu dürfen. Ich möchte the bosom of the deep nicht bloß vom sogenannten Meeresschooße, sondern ganz wörtlich verstehen; Milton scheint mir das Bild eines wirklichen, schwellenden Busens beabsichtigt zu haben. Sonst unverziert, hat dieser Busen der See die Inseln, reiche und bunte Juwelen, zu seinem Schmucke. Was nun aber das Verhältniß zu den citirten Versen des großen Dramatikers betrifft, die der Phantasie unsers Dichters gewiß gegenwärtig waren, so ist das Bild vollständig umgekehrt. Bei Shakespeare sind die Silberwellen, die blinkend den Strand umziehn, die Fassung des Kleinods; Milton knüpft an den Ausdruck set in the silver sea das Verbum to inlay, belebt den Busen des Meeres und vielleicht ihm einen kostbaren Juwelenschmuck.

Unter v. 82 hat Warton gesetzt: Look, how a bright star shooteth from the sky, So glides he in the night from Venus' eye; Ven. and Ad. Str. 136. p. 506. Obgleich sich ergeben wird, daß Milton gerade aus diesem Gedichte Vieles unwillkürlich in den Comus hinübergenommen, so scheinen mir doch die σπινθῆρες in der schon angeführten Stelle der Ilias eine nähere Analogie mit the sparkle of a glancing star darzubieten, während in Shakespeare's Versen das Hauptgewicht auf das Verbum so glides he fällt. S. oben p. 42. — Derselbe Herausgeber hat verglichen Com. v. 92, I must be viewless now und Mids. N. Dr. II. 1. (2.) p. 192, But who comes here? I am invisible: And I will overhear their conference. Das Adjectiv viewless kommt vor, Meas. for Meas. III. 1. p. 289, the viewless winds; Milton hat es Shakespeare entnommen, Ode on the Passion, v. 50, on viewless wing, vgl. P. L. III. 518. Es gehört zu den ungewöhnlichen Ausdrücken, deren sich unser Dichter so gern bedient. — Wenig Bedeutung hat Keightleys Citat, Look! the unfolding star calls up the shepherd, Meas. for Meas. IV. 2. p. 308 zu v. 93, The star that bids the shepherd fold. S. oben p. 42. — Die von Todd zur Erläuterung des Bildes (v. 131 — 133), when the dragon woom Of Stygian darkness spets her thickest gloom, And makes one blot of all the air; (Ms. Aud throws a blot ore all the aire, und im ersten Entwurf And makes a blot of nature) beigebrachte Zeile aus einem Sonnette Shakespeare's When clouds do blot the heaven, findet sich Sonn. 28. Zu beachten ist ferner Ven. and Ad. Str. 31. p. 485. Like misty vapours when they blot the sky. Milton's Ausdruck ist energischer, und vergleicht man

---

*) Es ist zu bedauern, daß die Herausgeber Shakspeare's es unterlassen haben, die Seitenzahlen der Fol. am Rande anzugeben. Ich citire daher, um das Nachschlagen zu erleichtern, nach der Ausgabe von Alexander Dyce, da dieselbe anerkanntermaßen den reinsten Text darbietet.
**) Die Stelle findet sich IV, 701; vgl. Shakesp. Cymb. V. 5. p. 343, To inlay heaven with stars.
***) Auch sonst wird das Wort nach Analogie des angelsächsischen sveglbósmas, Cädm. Gen. I, 9, vielfach übertragen. Shakespeare hat the bosom of the air u. dgl. m. Milton gebraucht eine solche Metapher Epit. on the March. of Winch. v. 69 f. Far within the bosom bright Of blazing Majesty and Light. P. L. II. 1036. the bosom of dim Night.

die vorhergehenden Verſe mit der Stelle aus Sylv. Du Bart. in Todd's Anm. Maugre the deluge that Rome's dragon spet (p. 60. ed. 162.), ſo muß man anerkennen, daß Milton dieſer zwar vielleicht den erſten Anlaß zu ſeiner Schilderung verdankt, aber auch eben nichts weiter, daß er aus einem äußerlich dargebotenen Motiv etwas Neues, viel Vollendeteres geſchaffen hat. Daſſelbe gilt auch von der Metapher womb, die ich zurückführe auf Henry V, chorus zwiſchen Act III und IV, p. 605, through the foul womb of night, Milton hat das einfache Bild durch eine eigenthümliche Perſonification neu belebt. Der Gebrauch von womb gehört übrigens zu den Lieblingsmetaphern des Dichters. Abgeſehen davon, daß das Wort häufig wie sinus und gremium, oder wie loins, Com. v. 718, ſchlechthin das Innere eines Gegenſtandes bezeichnet (z. B. P. L. I. 673), gehören hierher folgende Stellen des Miltonſchen Hauptwerkes: P. L. II. 150. In the wide womb of uncreated Night; X. 476. the womb of unoriginal Night and Chaos wild; vgl. II. 911 mit Shakesp. Rom. and Jul. II. 3. p. 125 in.

v. 138—142; Ere the blabbing eastern scout, The nice Morn, on the Indian steep From her cabin'd loop-hole peep, And to the tell-tale Sun descry Our conceal'd solemnity. — Die Perſoniſication des Morgens in dieſen Verſen erinnert etwas an die des Tages, Rom. and Jul. III. 5. p. 152. Night's candles are burnt out, and jocund Day Stands tiptoe on the misty mountain-tops; und die Diction enthält in jedem einzelnen Verſe eine ziemlich deutliche Reminiscenz aus Shakeſpeare. Todd hat zu v. 138, the blabbing eastern scout, beigebracht Henry VI. P. II. A. IV. Sc. 1. in. The gaudy, blabbing, and remorseful day, ſo wie er the tell-tale sun (beſſer zu ſchreiben Sun) mit Lucr. Str. 116. p. 550, Make me no object to the tell-tale day, vergleicht; dagegen iſt von den Erklärern die Analogie des Ausdrucks on the Indian steep mit The furthest steep of India, Mids. N. Dr. II. 1. p. 189, überſehen worden. Todd bemerkt: "The morning peeping from the East is an expression, of which our elder poets appear to have been fond" und belegt dies durch zahlreiche Citate. Vgl. noch Lucr. Str. 156. p. 558. Revealing Day trough every cranny spies. ib. Leave thy peeping. Wenn nun aber Milton auch die eben erwähnte Anſchauung frühern Dichtern verdankt und dabei im Ausdruck von Shakeſpeare abhängig erſcheint, ſo hat er doch das ganze Bild ſo eigenthümlich geſtaltet, daß ſolche Reminiscenzen gegen ſeine originelle Auffaſſung vollſtändig zurücktreten. Bedeutſam iſt vor Allem das Beiwort in the nice Morn, welches ſich durch die Verbindungen precise and nice, nice and coy bei Shakeſpeare erläutern läßt; es iſt um ſo bedeutſamer, da es die Schilderung des Morgens von Seiten des Comus durch den Charakter ſpröden Eigenſinns zu ergänzen dient. Der Morgen wird als plauderhafter Späher dem verhüllenden Dunkel der Nacht, den Gottheiten ihrer Myſterien gegenübergeſtellt. Der Intenſität des künſtleriſchen Blickes bietet ſein Hervorlugen aus dem Oſten, bei andern Dichtern faſt zum Gemeinplaz und bloßen poetiſchen Wendung herabgeſunken, Gelegenheit dar, um ein eigenthümliches Gemälde in leichter, arabeskenartiger Andeutung zu entwerfen. Durch ein hüttenartig überdachtes Guckloch ſchaut er verſtohlen auf Indiens ſteiler Höhe hervor und verräth der Alles offenbarenden Sonne, was ſich ihrem Blicke zu entziehen trachtet. Man könnte ſich durch Shakeſpeare's Phraſeologie verſucht fühlen, die Worte her cabin'd loop-hole metaphoriſch zu deuten. So gut wie the windows (freilich mit hinzugefügtem Genitiv, thy eyes' windows fall, Rom. and Jul. IV. 1. p. 161; Ere I let fall the windows of mine eyes, Rich. III. Act V. Sc. 3. p. 401) ließe ſich loop-hole zur Noth vom Auge ſagen, und das hinzugefügte cabined würde eine Analogie haben an Ven. and Ad. Str. 173. p. 513, the dark cabins of her head; allein die Erklärung wäre doch zu gekünſtelt, und man muß daher wohl beim einfachen Wortſinn ſtehen bleiben. Ein von dem obigen durchaus verſchiedenes Bild des Morgens hat der Dichter in folgenden Verſen entworfen: Thus passed the night so foul, till Morning fair Came forth, with pilgrim steps, in amice gray, P. R. IV. 426 f. Ueber amice gray, graius amictus, ein Gewand hauptſächlich der katholiſchen Prieſter, vgl. Warton u. Todd zu dieſer Stelle. In unſerm Werke entſpricht dieſer Schilderung die des Abends, v. 188—190, They left me then, when the gray-hooded Even, Like a sad votarist in palmers' weeds, Rose from the hindmost wheels of Phœbus' wain. (Ms. chaire.) Bis auf den Spenſer angehörigen Ausdruck palmers' weeds ist in dieser Stelle Alles originell. Die äußere Erscheinung des Abends (gray-hooded) leitet uns zu der ernsten Stimmung des Wallfahrers über, der ein Gelübde zu erfüllen hat, und den Abschluß des ganzen Bildes gibt der dritte Vers, in dem wir den Abend im Pilgergewande, während der Sonnenwagen sinkt, von dessen Hinterrädern emporsteigen sehen. So bezeichnend die vorhin besprochene Schilderung des Morgens in Comus' Munde ist, so gewinnen auch die zuletzt angeführten Verse erst dadurch ihre volle Bedeutung, daß sich in der ersten Naturanschauung die strenge Sinnesart der keuschen Jungfrau spiegelt.

Das Beiwort der Luft spungy, v. 154, ist offenbar dem Ausdruck the spongy south, Cymb. IV. 2. p. 316, entlehnt und dient diesem wieder zur Erläuterung. Wenn wir als richtig voraussetzen dürften, was Tobb dazu bemerkt: "The epithet is here applied with peculiar effect, signifying that the air absorbs and retains the spells, at the command of the magician," so ließe sich die Beziehung vergleichen mit hibulae nubes, Ov. Met. XIV. 368. Keightley gibt, wie es scheint zur Auswahl, folgende Erklärungen: "thick, soft and yielding like a sponge." Daß das letztere allein treffend sei, geht hervor aus dem Epitheton the buxom air, P. L. II. 842, V. 270. — Das Verbum I wind me into the-easy-hearted man, v. 163, findet sich ähnlich gebraucht K. Lear, I. 2. p. 614. Cf. Cor. III. 3. p. 716. — Zu v. 194, envious Darkness, hat man citirt Rom. and Jul. III. 5. p. 152. look, love, what envious streaks Do lace the severing clouds in yonder east. Etwas näher noch kommt Rich. II. Act III. Sc. 3. p. 319. When he (the sun) perceives the envious clouds are bent To dim his glory; doch ist es kaum eine Reminiscenz zu nennen. Deutlicher liegt eine solche zu Tage v. 205 ff. A thousand fantasies Begin to throng into my memory, Of calling shapes etc. Warton vergleicht King John V. 7. p. 254. in. his (Death's) siege is now Against the mind, the which he pricks and wounds With many legions of strange fantasies, Which, in their throng and press to that last hold, Confound themselves. Es ist ein Anklang an die Worte Shakespeare's, aber mit Aufgabe des eigenthümlichen Bildes. Ueber das Folgende vgl. Tobb's Note, in welcher vorzugsweise das Citat aus Burton's Anatomy of Melancholy hervorzuheben scheint.

Das Compositum love-lorn v. 234*) ist dem Shakespeareschen lass-lorn Temp. IV. p. 49 nachgebildet. v. 225 dagegen halte ich für keine Reminiscenz. — Zu v. 260 f. Yet they in pleasing slumber lulled the sense, And in sweet madness robb'd it of itself hat Tobb citirt Winter's Tale s. f. No settled senses of the world can match The pleasure of that madness; auch führt er den Ausdruck dim darkness, v. 278, auf Lucr. Str. 17. p. 530 zurück. Aehnlich ist doubtful darkness, Ben Jons. The Golden Age rest. p. 599 A. — In Bezug auf unrazord f. das oben p. 40 Bemerkte, und was die Stelle v. 323 ff. betrifft, die Vergleichung mit Sec. Part of Henry IV. Act .3. Sc. 1. auf p. 52. — Das Particip proportioned v. 330 (square my trial To my proportion'd strength = to the proportion of my strength) ist ähnlich gebraucht wie in folgendem Verse, Lucr. Str. 111, p. 549, Make war against proportion'd course of time! — Das Wort nurse, v. 377, Where with her best nurse, Contemplation, She (Wisdom) plumes her feathers etc., gehört zu Shakespeare's Lieblingsmetaphern. Unter den vielen Stellen hebe ich nur die in den beiden beschreibenden Gedichten hervor, Ven. and Ad. Str. 129, p. 505, this black-fac'd night, desire's foul nurse, Lucr. Str. 110, p. 543, O comfort-killing night, — —, nurse of blame. Aehnlich bei Spenser, z. B. F. Q. III. 4. 55.

Mit v. 398 ff., besonders mit v. 402 f. And let a single helpless maiden pass Uninjur'd in this wild surrounding waste, vergleicht Warton As you like it. 1. 3, p. 348, Alas, what danger will it be to us, Maids as we are, to travel forth so far! Beauty provoketh thieves sooner than gold. Dagegen zeigt derselbe Erklärer, die Phrase clad in com-

---

*) lorn ist nicht zweisilbig, wie Keightley will; sondern man muß den Vers, gleich v. 239. trochäisch scandiren. Das iambische Maß würde den Accent von der Hauptsilbe in love-lorn fortnehmen und ganz unpassend der Weise auf den Artikel werfen.

plete steel, v. 421, brauche nicht gerade aus Hamlet entlehnt zu sein, sondern es sei vielmehr
eine allgemeine Bezeichnung der Bewaffnung von Kopf zu Fuß gewesen. Die Shakespearesche
Stelle findet sich Haml. I. 4; p. 487. Cf. Meas. for. Meas. I. 3. (4.) in. a complete bosom.
— Unter v. 423, May trace huge forests, hat jener gesetzt Mids. N. Dr. II. 1, p. 187, to
trace the forests wild, und zu v. 432 ff., *Some say*, no evil thing that walks by night etc.;
bemerkt er: "Milton had Shakspeare in his head, Hamlet, A. I. S. 1. (p. 474.) *Some say,
that ever gainst that season comes* Wherein our Saviour's birth is celebrated, The bird of
dawning singeth all night long: And then (Warton citirt But then, und im Folgenden: no
spirit walks), *they say, no spirit can walk abroad*. Another superstition is ushered in
with the same form in *Par. Lost*. B. X. 575. And the same form occurs in the descrip-
tion of the physical effects of Adam's fall, B. X. 668." Unmittelbar vorher bedient sich
Horatio des Ausdrucks like a guilty thing, p. 473, welchem in unsrer Stelle, v. 432, no
evil thing entspricht; dieselbe Bezeichnung kehrt wieder P. L. IV. 563. that to this happy place
No evil thing approach or enter in. — Warton zieht ferner zu v. 434, no stubborn unlaid
ghost, einen Vers der Gesanges in Cymb. IV. 2. p. 314, Ghost unlaid forbear thee! herbei;
dagegen verlohnt es sich kaum der Mühe, zur Erläuterung von curfew-time Stellen wie Temp.
V. 1. p. 56 und K. Lear. III. 4. p. 656 hinzuzusetzen. Daß das Läuten der Abendglocke als
Beginn der Nacht die Geister entfessle, war eine gewöhnliche Annahme; aber in Milton's ein-
facher Schilderung, ausgezeichnet besonders durch magic chains, ist dieser Glaube eigenthümlich
specialisirt. Die widerspenstigen Geister, die keine Ruhe finden können (stubborn unlaid ghosts)
brechen zu jener Zeit aus ihrem Banne hervor.
 Eine andre Lieblingsmetapher des Dramatikers bieten die Worte dar, so unprincipled
in Virtue's book, Com. v. 367. Außer Winter's Tale. IV. 2. s. f., let me be unrolled, and
my name put in *the book of virtue*; gehören folgende Stellen hierher, Mids. N. Dr. II. 3.
p. 198, written in love's richest book; Romeo and Jul. I. 3. p. 109, This precious book
of love etc.; Rich. II. 1. 3. p. 286, blotted from the book of life; Ant. and Cleop. I. 2.
p. 119, In nature's infinite book of secrecy A little I can read. Vgl. zwei Parallelstellen
aus Milton's prosaischen Schriften in Todd's Anmerkung.
 The frivolous bolt of Cupid, v. 445, haben die Erklärer aus zwei Shakespeareschen
Stellen hergeleitet, Mids. Night's Dream. II. 1. (2.) p. 191, Yet mark'd I where *the bolt
of Cupid* fell, und Meas. for Meas. I. 3. (4.) in. the dribbling dart of love; ebenso v. 478,
musical as in Apollo's lute, aus Love's Labour's Lost. IV. 3. p. 127, as sweet and mu-
sical As bright Apollo's lute. — Zu v. 461, The unpolluted temple of the mind, bemerkt
Bischof Newton: "For this beautiful metaphor he was probably indebted to St. John II. 21.
He spake of the temple of his body. And Shakspeare has the same, Temp. A. I. S. VI.
(I. 2. p. 19.) There's nothing ill can dwell in such a temple." Todd fügt hinzu Lucr.
Str. 103. p. 547. Besides, his soul's fair temple is defac'd, u. eine Stelle aus Milton's
prosaischen Schriften, I. 232, wo im Anschluß an I. Cor. 3. 16 die Seele God's temple heißt;
ferner citirt er Petrarca, Canz. VII. Santi pensieri, atti pietosi e casti, Al vero Dio sacrato
e vivo tempio Fecero in tua virginita seconda. Vgl. außerdem Lucr. Str. 168. p. 560, Her
sacred temple spotted, spoil'd, corrupted; Cymb. V. 5. p. 339, the temple Of virtue was
she. Die Metapher ist wohl ursprünglich aus der zuerst citirten Stelle des neuen Testaments
geflossen, allein zum Gemeingut der poetischen Sprache, ja sogar der Prosa geworden, und
zwar nicht bloß bei den Engländern. Mehr geht aus den Versen Petrarca's nicht hervor; die
Shakespeareschen liegen viel näher, besonders Lucr. Str. 168. p. 560, worin die Entweihung
des heil. Tempels geschildert wird. Es bedarf kaum der Erwähnung, daß im Verse des Comus
das Hauptgewicht auf unpolluted gelegt werden muß. Man sehe noch Lucr. Str. 247, p. 576,
that polluted prison where it (her soul) breath'd. — Mit Com. v. 496, Whose artful strains
— sweeten'd every muskrose of the dale, läßt sich vergleichen Ven. and Ad. Str. 156. p. 510,
Who when he liv'd, his breath and beauty set Gloss on the rose, smell to the violet. —
Zu v. 508, How chance she is not in your company? merkt Todd an: "It is the same form
in Pericles, Prince of Tyre, A. IV. S. 1. (p. 413.) How chance my daughter is not

with you? Diese Formel findet sich aber gerade bei Shakespeare auch sonst nicht selten, z. B. Mids. Night's Dream I. 1. p. 180, How chance the roses there do fade so fast? V. 1. p. 234, How chance moonshine is gone before Thisbe comes back and finds her lover? Daneben haben wir how chances it they travel? Haml. II. 2. p. 507. — Bei v. 544, a bank With ivy canopied, citirt Warton Mids. N. Dr. II. 1. (2). p. 193, Quite over-canopied with luscious woodbine; es handelt sich nicht bloß um den Ausdruck canopied, für welchen der Commentator Belege aus Dichtern der Arkadischen Schule beibringt, sondern, was er zu erwähnen vergessen hat, ebenso gut um das auch in der Shakespeareschen Stelle vorhergehende bank. — Ein Citat Wartons aus Rich. II. (II. 1. p. 291) zu Com. v. 548 hat nur den Zweck zu zeigen, daß close bedeute a musical close on his pipe; unnöthig vollends erscheint es, daß Todd zur Erläuterung von listen'd them, v. 551, eine Stelle Shakespeare's (Macb. II. 1. p. 399) beibringt, das Verbum to listen findet sich nicht nur in andern Stellen desselben Dichters, sondern auch überhaupt bei ältern Schriftstellern ziemlich oft transitiv gebraucht.

Mehrfache Anklänge an Shakespeare finden sich in der Schilderung der Rosse, welche den Wagen des Schlafes ziehn, v. 552 — 554, Till an unusual stop of sudden silence Gave respite to the drowsy-flighted steeds, That draw the litter of close-curtained Sleep. Man sieht, ich halte mit Newton an der Lesart des von Milton selbst herrührenden Cambridger Manuscriptes drowsy-flighted fest, während Warton und Todd, auf die Autorität sämmtlicher alten Ausgaben gestützt, drowsy frighted steeds geben; Keightley ist geneigt, jenes für richtiger zu erklären, ohne es jedoch in den Text aufzunehmen. Wenn wirklich, wie es scheint, in der Bridgewater Handschrift drowsy frighted steht, so gibt dies Grund zu der Vermuthung, daß Lawes entweder absichtlich, oder durch ein Versehen den Text geändert habe. S. Todd's Ansicht über die zuletzt erwähnte Handschrift in seiner Gesammtausgabe der poetischen Werke, IV. p. 190. Die Uebereinstimmung der Drucke beweist noch keineswegs, daß Milton selbst sein ursprüngliches Epitheton der Rosse mit einem andern vertauscht, oder sich mit Lawes' Correctur einverstanden erklärt habe; in den Werken der sorgfältigsten Schriftsteller sind mitunter zum Theil ganz unsinnige Aenderungen zufälligen Ursprungs stehen geblieben. Bowle's Conjectur drowsie-freighted (charged or loaded with drowsiness) ist einmal unnöthig, dann aber wird sie auch wegen ihrer Härte denen nicht zusagen, die aus demselben Grunde an drowsy-flighted Anstoß nehmen. Gerade die Kühnheit aber, wenn man so will, die Härte der Zusammensetzung spricht bei einem Dichter wie Milton für die Rechtheit dieses Ausdrucks. Ich würde sogar, wenn ich mich für die Lesart drowsy frighted entscheiden könnte, nach der jetzigen, den ältern Dichtern meistens fremden Schreibweise einen Bindestrich dazwischen setzen und den schwankenden Streit zwischen der Schläfrigkeit und dem Scheuen der Rosse darin ausgemalt finden. Zwar ist keineswegs unhaltbar, was Warton zur Erklärung der Stelle beibringt: "The drowsy steeds of Night,*) who were *afrighted* on this occasion, at the *barbarous dissonance* of Comus's nocturnal revelry;" und übertrieben, ja abgeschmackt erscheint mir Keightley's Bemerkung: "We do not see what was to *fright* the steeds of Sleep, *which must have been well used to the roar*. (!) Aber das Präsens That *draw* the litter of close-curtain'd Sleep stimmt besser zu einem allgemeinen Epitheton als zu dem Bilde des momentanen Scheuwerdens; auch gewährt das Ausruhen der Rosse auf ihrem trägen Fluge einen schönen Uebergang zu der Schilderung, wie der Gesang sogar das Schweigen der Nacht überwältigt und in ihm den Wunsch rege macht, seiner Natur ganz entsagen zu dürfen. Richtig ist ferner, was Keightley hinzufügt: "*drowsy-flighted* would well express the apparent slow progress of Night, the causer of drowsiness. The *lazy-pacing clouds* of Shakespeare is a similar expression." (Rom. and Jul. II. 2. p. 120, nach der ersten Quartausgabe.) Von ähnlichen Zusammensetzungen unsers Dichters erwähne ich nur das gleich folgende solemn-breathing. Endlich ist die Analogie der schon von Newton angeführten Stelle Henry VI. P. II. A. IV. S. 1. in. keineswegs zu übersehen: And now loud-howling wolves arouse the jades That drag the

---

*) Weiterhin heißt es in der Note: "We are to recollect that Milton has here transferred the horses of *Night* to *Sleep*. And so has Claudian, Bell. Gild. v. 213, and Statius, Theb. II v. 59."

tragic melancholy night; Who, *with their drowsy, slow, and flagging wings*, Clip dead men's graves etc. Für entscheidend halte ich jedoch weniger den Anklang an diese Verse als den Grund, daß drowsy-flighted ein vollendeteres Bild gewährt als der andre Ausdruck. Die Schwingen der Rosse würde man ungern vermissen. Uebrigens hätten die Vertheidiger von drowsy frighted steeds, allerdings unter der Voraussetzung, daß es ein allgemeines Epitheton sei, auf das zweite Gedicht der Miltonschen Sylvae, In Quintum Novembris, v. 73, verweisen können, wo neben Typhlon, Melanchaetes, Siope auch Phrix als ein Roß der Nacht auftritt: hirsutis horrentem Phrica capillis. Zu drowsy citirt Todd noch eine Stelle aus Browne's Brit. Past. und eine andre aus Sylv. Du Bart. S. auch Sylveñers Bezeichnung The drowsie Night in Todd's Anm. zu Com. v. 335. Geringer ist die Aehnlichkeit mit den von Newton angeführten Versen, Faithf. Sheph. IV. 4. p. 279 B, Night, do not steal away! I woo thee yet To hold a hard hand o'er the rusty bit That guides *thy lazy team*. Close-curtain'd Sleep vergleicht Todd mit Rom. and Jul. III. 2. p. 142, Spread thy close curtain, love-performing night; und Thyer verweist auf Macb. II. 1. p. 398, wicked dreams abuse The curtain'd sleep. Wir haben also auch in dieser Stelle wieder Shakespearesche Reminiscenzen, müssen jedoch gestehen, daß das ganze Gemälde dessen ungeachtet durchaus frei und eigenthümlich concipirt ist. In Bezug auf v. 554 bemerkt Keightley: "This word (draw) is not quite correct here; for the litter or palenkeen was borne, not drawn. But Milton probably used litter in the sense of chariot." Abgesehen davon, daß die Etymologie des Wortes litter das Ziehen keineswegs ausschließt, ergibt sich die Unrichtigkeit des Angeführten aus K. Lear III. 6. p. 661, There is a litter ready; lay him in't, And *drive* toward Dover, friend, etc. Litter ist darum noch nicht für chariot gebraucht, sondern steht recht eigenthümlich an seiner Stelle, da Milton uns den Schlaf, seiner Natur angemessen, ruhend in einer Sänfte mit dichten Vorhängen schildert.

Zu v. 561, strains that might create a soul Under the ribs of Death, hat Warburton auf eine von Alciat herrührende Darstellung verwiesen, die sich in den Emblems von Francis Quarles*) findet. Ich habe mir dies Werk nicht verschaffen können; jedoch bedarf es der Vergleichung gar nicht einmal, da dasselbe, was Warburton offenbar übersehen hat, 1635, also ein Jahr nach der Aufführung des Comus zuerst erschien, so daß Milton unmöglich etwas daraus entlehnen konnte. Todd bemerkt gegen jenes Citat: "The picture alluded to is taken, not from Alciat's Emblems, but from Hermann Hugo's *Pia Desideria* etc." Der Titel dieses Schriftchens lautet vollständig: Pia desideria emblematis, elegiis et affectibus SS. patrum illustrata, authore Hermanno Hugone S. J. Antv. 1625. Das Bild steht vor dem 38. Abschnitt im dritten Buche (Suspiria animae amantis), welches als Motto führt: Infelix ego homo, quis me liberabit de corpore mortis hujus, Rom. 7. 24. Ein bekleidetes menschliches Wesen steckt, die Hände faltend, in einem Skelett, das sich ganz gemüthlich hingelauert hat und auf den linken Ellbogen stützt. Der lateinische Text Hugo's bietet keinen weitern Anhalt für die Vermuthung dar, daß Milton aus dem Bilde ein Motiv zu seinen Versen entnommen habe. Mindestens eben so wahrscheinlich ist es, daß sich dieselben auf einen von den Herausgebern nicht beachteten Ausdruck Shakespeare's stützen, Rape of Lucr. Str. 208. p. 568, life imprison'd in a body dead. —

Ich will nun einige der von den Erklärern angegebenen Stellen der Shakespeareschen Dramen mit denen des Comus, welche ihnen davon abhängig erschienen sind, einfach zusammenstellen und nur in Bezug auf die erste Parallele bemerken, daß unser Dichter in sehr bezeichnender Weise für den gewaltig ironischen Ausdruck des Dramatikers ein nicht minder schwungvolles Pathos substituirt hat. Com. v. 597 ff. If this fail, the pillar'd firmament is rottenness, And earth's base built on stubble. = Wint. Tale. II. 1. p. 102, No; if I mistake In those foundations which I build upon, The centre is not big enough to bear A school-boy's top. — Com. v. 614 f. He with his bare wand can unthread thy joints And crumble all thy sinews. = Temp. IV. s. f. Go charge my goblins that they grind their

---

*) Vgl. Massons oft citirtes Buch, p. 449 f.

joints With dry convulsions; shorten up their sinews With aged cramps etc. Sec. Part of Henry VI. A. IV. Sc. 2. p. 165, clouted shoon. = Com. v. 635. Doch s. zwei andre Nachweise bei Todd und Krightley. — Zufällig ist wohl der Anflang von mildew-blast, v. 640, an Haml. III. 4. p. 535. — Com. v. 659 f. Nay, Lady, sit; if I but wave this wand, Your nerves are all chain'd up in alablaster,*) = Temp. 1. 2. p. 20, come from thy ward; For I can here disarm thee with this stick, etc. Come on, obey; Thy nerves are in their infancy again, And have no vigour in them. — Den Ausdruck hellish charms, v. 613, hält Warton für entlehnt von Rich. III. A. III. S. 4. p. 359, Todd führt ihn zurück auf ein dramatisches Werk The Valiant Welshman, 1615, von R. A. Gent. Daß Milton dies gekannt habe, wird zwar wahrscheinlich aus den gleichfalls von Todd citirten Versen desselben Stückes this precious soueraign herbe, That Mercury to wise Ulissie gave im Vergleich mit Com. v. 637, 639; allein hellish charms bot sich als allgemeiner Ausdruck leicht dar und war auch, wie Todd gleichfalls erwähnt, von Ph. Fletcher (Purple Isl. C. XI. st. 26.) gebraucht worden.

Com. v. 668 – 671, See, here he all the pleasures, That fancy can beget on youthful thoughts, When the fresh blood grows lively, and returns Brisk as the April buds in primrose-season. Vgl. oben p. 35. "This is a thought of Shakspeare's, but vastly improved by our poet in the manner of expressing it, Rom. and Jul. A. 1. S. 2. (p. 104.) Such comfort as do lusty young men feel When well-apparell'd April on the heel Of limping winter trends, etc." Thyer. Der Gedanke, daß der Frühling wie die Natur, so auch die Menschen verjüngt und ihr Blut lebhafter pulsiren macht, ist auch sonst vom Dichter vielfach ausgesprochen, und die Verherrlichung gerade des Aprils als Frühlingsmonats bei den Engländern wird keinem Leser Shakespeare's entgangen sein. Viel charakteristischer in der obigen Stelle scheint mir der Vers: all the pleasures, That fancy can beget on youthful thoughts. Ich möchte damit vergleichen Rich. II. A. V. S. 5. p. 347, My brain I'll prove the female to my soul, My soul the father; and these two beget A generation of still-breeding thoughts. Eine gewisse Aehnlichkeit bietet auch der Anfang des Gedichts Il Penseroso dar: Hence, vain deluding Joys, The brood of Folly without father bred!

In den Argumenten, deren sich Comus der Jungfrau gegenüber bedient, vermögen wir Beziehungen auf einzelne Gedanken Shakespeare's in seinen Sonnetten, namentlich in den zu Anfang der Sammlung stehenden zu entdecken. Die Erklärer haben schon zu v. 679 ff., Why should you be *so cruel to yourself*, And to those dainty limbs, which Nature *lent* For gentle usage and soft delicacy? folgende Stellen herbeigezogen: Sonn. 1, Thyself thy foe, *to thy sweet self so cruel;* Sonn. 4, Nature's bequest gives nothing, but doth *lend;* And, being frank, she lends to those are free. Then beauteous niggard, why dost thou abuse The bounteous largess given thee to give? Vgl. damit Com. v. 726, As a penurious niggard of his wealth, welcher Ausdruck jedoch vom All-giver gebraucht ist. Aehnlich ist auch Sonn. 6, That use is not forbidden usury, Which happies those that pay the willing loan. In der längern Rede des Comus erinnert der Theil, welcher die Schönheit erst als Münze der Natur, dann als ihr stolzes Prangen schildert, v. 739 ff., an allerlei Stellen sowohl Shakespearscher als andrer Dichtungen; namentlich haben die Commentatoren auf Verse Drayton's aufmerksam gemacht. In der Epistle from King John to Matilda heißt es: Why, heaven made beauty, like herself to view, Not to be shut up in a smoky mew. A rosy-tinctured feature is heaven's gold, Which all men joy to touch and to behold; ferner an einer andern Stelle: Know Girle, quoth he, that Nature thee ordayned (As her brav'st piece, when she to light would bring, Wherein her former workmanship she stayned,) Only a gift to gratifie a king. — Hoord not thy beauty, when thou hast such store. Es läßt sich kaum verkennen, daß diese Verse in Milton's Gedächtniß aufgetaucht sein und Anlaß gegeben haben müssen zu den Aussprüchen Beauty is Nature's coin, must not be hoarded und Beauty is Nature's brag, and must be shown In courts etc., so wie auch das Adjectiv vermeil-tinctured, v. 752, was schon angegeben wurde, dem Drayton'schen rosy-tinctured offenbar nachge-

---

*) Ueber die von den Herausgebern geänderte Orthographie alablaster f. Krightley's Anmerkung.

9*

bildet ist. Weniger schlagend ist die Analogie zwischen Nature thee ordayned im Eingang der zweiten Stelle und There was another meaning in these gifts, v. 754. Auch the workmanship, v. 747, braucht nicht Drayton entnommen zu sein, da das Wort ganz ebenso gebraucht bei Shakespeare vorkommt, Ven. and Ad. Str. 123, p. 503, the curious workmanship of nature. Milton empfing von Drayton nur den Impuls, nur ein Motiv; das Bild ist verändert, das Gold, welches sich vorfand (A rosy-tinctured feature is heaven's gold), recht eigentlich zur Münze ausgeprägt, und das von jenem Dichter geliehene must not be hoarded gewinnt erst seine volle Bedeutung im Comus durch den Gegensatz: but must be current. Dazu kommt dann die Wiederaufnahme und Variation des Thema's in dem an v. 739 anklingenden Satze Beauty is Nature's brag. Da wo der Dichter gleichsam jenen ersten Gedanken durchbricht, doch so daß er ein Bild uns vorführt, welches einen Uebergang zu der Auffassung der Schönheit als des prahlenden Stolzes der Natur gewährt (v. 740—744), hat er sich durch Reminiscenzen aus Shakespeare bestimmen lassen, ohne jedoch zur bloßen Nachahmung herabzusinken. Die Erklärer citiren: Pericles II. 2. p. 391, our daughter — Sits here, like beauty's child, whom nature gat For men to see, and seeing wonder at und Mids. N. Dr. l. 1. p. 179, But earthlier happy is the rose distill'd, Than that which, withering on the virgin thorn, Grows, lives, and dies in single blessedness. Mit den Worten: "Spenser and Shakspeare's Venus and Adonis have here been adduced" hat Warton (zu v. 743), wie mir scheint, auf folgende Stellen hingedeutet, F. Q. II. 12. 75 und Ven. and Ad. Str. 22. p. 483. Jene kann ich füglich fortlassen, da sie mit der unsrigen nicht viel gemein hat; dagegen finden sich in der andern charakteristische Ausdrücke, deren Vorkommen in Milton's Versen wohl nicht zufällig ist. Sie lautet: Make use of time, let not advantage slip (vgl. 743); Beauty within itself should not be wasted (v. 742): Fair flowers that are not gather'd in their prime Rot and consume themselves in little time. Bei the enjoyment of itself mag dem Dichter Ven. and Ad. Str. 27 vorgeschwebt haben, vielleicht auch die self-loving nuns, Str. 126. In v. 748, It is for homely features to keep home, eine Nachbildung von Home-keeping youth have ever homely wits, Two Gent. of Ver. I. in. zu erkennen, lag sehr nahe.

Zu v. 768 ff. hat Todd Gloster's Worte, K. Lear IV. 1. p. 668, herbeigezogen: Heavens, deal so still! Let the superfluous and lust-dieted man, That slaves your ordinance, that will not see Because he doth not feel, feel your power quickly; So distribution should undo excess, And each man have enough. Diese Stelle dürfte allerdings dem Gedächtnisse unsers Dichters gegenwärtig gewesen sein und sogar unwillkürlich auf die Form der Rede Einfluß geübt haben (man achte auf excess zu Ende des Verses 771 und auf die Uebereinstimmung des Nachsatzes bei Shakespeare mit v. 772 f.); aber wir haben oben gesehen (p. 22), daß der republikanische Geist, welcher schon damals Milton beseelen mußte, in dem Gedanken ausströmte, durch eine angemessene und billige Vertheilung der Segnungen Gottes lasse sich die Noth der im Elend schmachtenden guten und gerechten Menschen heben. Die Jungfrau vertritt Milton's eigne Ansichten, die puritanische Strenge seiner Moral mit den daraus zu ziehenden politisch-socialen Consequenzen. Sein tiefer sittlicher Ernst verleiht dem Ausdruck eine noch größere Schärfe, als in Gloster's Worten herrscht; sie tritt besonders in lewdly pamper'd Luxury schwellend hervor. Auch in dieser Stelle ist die ausgesprochene Idee mit dem Charakter der sprechenden Person und der Tendenz ihrer ganzen Rede durchaus harmonisch verschmolzen.

Bei den noch übrigen, von den Herausgebern wahrgenommenen Reminiscenzen aus Shakespeare kann ich mich wieder damit begnügen, die betreffenden Stellen daneben zu schreiben: Com. v. 796 f. That dumb things would he mov'd to sympathize, And the brute Earth would lend her nerves, and shake. = Rich. II. A. III. S. 2. p. 311, This earth shall have a feeling, and these stones Prove armed soldiers, etc. — Warton's Citat He fables not (= Com. v. 800) steht First P. of Henry VI. A. IV. Sc. 2. p. 56. — Com. v. 839, And through the porch and inlet of each sense Dropt in ambrosial oils. = Haml. L 5. p. 490, And in the porches of mine ear did pour The leperous distilment. Aehnlich, doch minder bestimmt ist die Metapher P. L. III. 50, wisdom at one entrance quite shut out. — Com. v.

879, Thus I set my printless feet. = Temp. V, 1. p. 56, with printless foot. Ueber den folgenden Vers s. oben p. 45; auch vergleiche man, was p. 23 vom Gesange oder Epiloge des Schutzgeistes v. 976 ff. bemerkt worden ist. — Com. v. 1003, in spangled sheen. = Mids. N. Dr. II. 1. p. 187, By fountain clear, or spangled star-light sheen. — Com. v. 1016 f. And from thence can soar as soon To the corners of the moon. = Mids. N. Dr. IV. 1. p. 220, We the globe can compass soon Swifter than the wandering moon. Macb. III. 5. p. 420 kommt der Ausdruck vor the corner of the moon. — Außerdem treffen wir noch einige Anklänge an Shakespeare'sche Verse in den Lesarten der Cambridger Handschriften. Für mighty art, v. 63, steht potent art = Temp. V. 1. p. 56. Die yellow sands, v. 117, = Temp. I. 2. p. 17, in Ariel's Gesange, sind später vertauscht mit tawny sands. Dies Adjectiv findet sich Temp. II. 1. p. 22, The ground, indeed, is tawny; Henry V. A. II. Sc. 6. p. 600, your tawny ground. — Nach v. 846 ist im Ms. ein später gestrichener Vers eingeschoben, und die ganze Stelle lautete ursprünglich: Helping all urchin blasts, and ill luck signs That the shrewd meddling elfe delights to *leare* (statt to make): *And often takes our cattel with strange pinches*, Wich she etc. In den Merry Wives, IV. 4. p. 217, heißt es von Herne the hunter: And there he blasts the trees, and takes the cattle. Todd hat diese Stellen schon herbeigezogen.

Die Reminiscenzen aus andern Dramatikern, auf welche die Herausgeber aufmerksam gemacht haben, sind im Vergleich mit denen aus Shakespeare'schen Stücken weniger erheblich; doch geht immerhin Milton's große Belesenheit daraus hervor, seine Bekanntschaft mit Ben Jonson, so wie ganz besonders mit Beaumont und Fletcher. Auf die Verse, 924 — 927, May thy brimmed waves for this Their full tribute never miss From a thousand petty rills, That tumble down the snowy hills (Ms. downe from snowie hills), scheinen die Ben Jonson's, (the many falls) Of sweet, and several sliding rills, That stream from tops of those less hills, von Einfluß gewesen zu sein. T. Warton citirt sie als Couplet der Mask at Highgate, vom Jahre 1604. Sie stehen nach der bei Moxon, London 1858, erschienenen Ausgabe in dem Maskenspiele Penates, p. 340 A, ohne daß sich über den Ort der Aufführung eine Angabe fände, aus der die Identität des letztern Stückes mit jenem hervorginge. Sehr gering und wahrscheinlich ganz zufälliger Natur ist die Aehnlichkeit des von Keightley beigebrachten Citates *Lady, let's quit the place; it is the den of villainy*, The Fox (Volpone). III. 5. p. 192 A, mit Com. v. 938 f., Come, Lady, while Heaven lends us grace, Let us fly this cursed place. — Verschiedene englische Kritiker haben folgende Anklänge an Stellen der beiden im Geschäfte dramatischer Dichtung associirten Autoren ("the twin-bards"), die ich eben namhaft gemacht habe, in unserm Werke herausgefunden. Com. v. 226, I cannot halloo to my Brothers. = The two Noble Kinsmen. III. 2. (Vol. II. p. 565. Moxon's ed. Lond. 1839.) I cannot halloo, etc. — Com. v. 246, Sure something holy lodges in that breast = The Sea-Voyage. II. 2, Vol. II. p. 314 B, Sure something more than human keeps residence here; auch die beiden vorhergehenden Halbverse, Do I yet live? Sure it is air I breathe, enthalten eine analoge Wendung wie Com. v. 244 f. — Von v. 333 ist schon die Rede gewesen. Die von Todd auf "The Island Princess" zu Com. v. 455 beigebrachte Verse stehen dieser Stelle zwar dem Gedanken nach sehr nahe, jedoch von der Form des Ausdrucks, die gerade hier bei Milton so eigenthümlich gewählt ist, läßt sich dies kaum behaupten; eher noch würde ich die zweite Zeile, The holy powers bear shields to defend chastity, vergleichen mit Com. v. 658, some good Angel bear a shield before us, doch ist der Ausdruck bear a shield und die ganze Idee zu wenig charakteristisch, um sie für entlehnt zu erklären. — Zu v. 731 citirt Warton ein Argument, dessen sich Clarinda in dem eben schon angeführten Stücke The Sea-Voyage, III. 2. Vol. II. p, 316 A, bedient: Should all women use this obstinate abstinence You would force upon us, in a few years The whole world would be peopled only with beasts. Bei Milton ist dasselbe von v. 720 an weitläufig ausgesponnen und eigenthümlich gestaltet; doch erscheinen die sophistischen Uebertreibungen, selbst im Munde des Comus, weniger passend als jene anspruchslosen und einfach gehaltenen Worte. Uebrigens haben unserm Dichter in dieser Scene, namentlich in der Antwort der Jungfrau, auch andere Stellen des erwähnten Stückes vorgeschwebt. Vgl. II. 1. p. 313 B, Blush, unkind, Nature, If thou hast power or being! — — Canst thou supply a drunkard, And with a prodigal hand reach choice of wines, Till he casts up thy blessings? Or a glutton, That robs the elements to sooth his palate, And only eats to beget appetite, Not to be satisfied? And suffer here A virgin, which the saints would make their guest, To pine for hunger? — Die Stelle, welche Warton v. 850 aus dem Gesange der Landleute zu Ehren des Nil anführt, The False One, III. 4. p. 401 B, beweist wie sein anderes Citat (Spens. Prothal. st. 5.) nichts weiter, als daß Milton eine in pastoralen Dichtungen öfter vorkommende Sitte in seine Schilderung verflochten hat. — Aus andern dramatischen Werken kommen nur noch ein Paar ganz vereinzelte Stellen in Betracht, welche von Warton und Todd zu v. 613 und 659 mitgetheilt worden sind.

Was die Diction im Comus sonst betrifft, so find zunächst die zusammengesetzten Epitheta sehr charakteristisch, welche Joseph Warton bei Gelegenheit von violet-embroidered, v. 233, aufgezählt hat. Auf viele derselben paßt die Bemerkung von Trench, English Past and Present p. 51, "Many of Milton's compound epithets, as *golden-tressed, tinsel-slippered, coral-paven, vermeil-tinctured,* are themselves poems in miniature." Manche haben außerdem, wenn ich den Ausdruck wagen darf, eine eigenthümliche Wucht, so z. B. this sin-worn mould; v. 17, vielleicht geformt nach Analogie von sin-sick bei Samuel Daniel, welches Richards. v. sin angibt. Sonst hat Milton mit demselben Substantiv noch zwei eigenthümliche Composita gebildet, sin-born und sin-bred, P. L. X. 596. IV. 315. Dazu kommen ungewöhnliche Wendungen, wie die Uebertragung des eigentlich vom Laube gebrauchten Adjectivs crisped auf den dadurch bewirkten Schatten, v. 984. Eigenthümlich ist ferner der Gebrauch des Adjectivs statt eines Genitivs in rosy twine, v. 105, leafy labyrinth, v. 278, heavenly habitants, v. 459. Außerdem finden wir alterthümliche Wendungen wie to see to (f. Todd zu v. 620), seltne oder ganz neue Wörter (z. B. mould = Angesf. molde; disfigurement u. s. w.), ungewöhnliche Bildungen (azurn, v. 893; cedarn, v. 990; freezed, v. 449), veränderte Bedeutungen (to descry für to detect*), v. 141.) Ich erwähne diese Einzelnheiten jetzt nur beiläufig, da ich später einmal die Eigenthümlichkeiten des Miltonschen Stils im Zusammenhange zu behandeln gedenke.

Als Resultat meiner Untersuchungen möchte ich es aussprechen, daß Milton vermöge seiner genauen Bekanntschaft sowohl mit klassischen als mit englischen Dichtern unwillkürlich allerlei Reminiscenzen aus ihren Werken aufnehmen und wiedergeben mußte, daß er seine Phantasie vor Allem mit den Bildern der Arkadischen Schule gesättigt hatte, daß er aber auch in der Reproduction seine eigne Productivität bethätigte. In ähnlicher Weise wie Hauff in seinem Soldatenliede das Versmaß und die Motive in Günther's „Abschied von seiner ungetreuen Geliebten" benutzte, hat auch Milton etwas ähnliches mit den im Obigen besprochenen Dichtungen gethan. Gleich den plastischen Künstlern und gleich den Dramatikern der Griechen stand er, so zu sagen, in einem naiven Verhältniß zu seinen Vorgängern; er verschmähte es keineswegs, mit Benutzung des vorliegenden Materials etwas Vollendeteres zu schaffen. So wie er als Dichter der Natur subjectivirt und ihre Scenen zu seinen Zwecken umgestaltet, so entlehnt er von andern Dichtern nicht nur die Technik, sondern auch das Material ihrer Bildersprache, um frei damit zu schalten. Die poetischen Gedanken erscheinen gleichsam umgegossen, indem sie bestimmten Charakteren zu eigen werden; die einfachen Vergleiche werden zu Situationen erweitert. Dazu kommt, daß Milton häufig auf die Grundbedeutung der Wörter zurückgeht und so die poetische Sprache zu vertiefen weiß. Im Obigen habe ich schon Beispiele davon angeführt; ein andres, wie mir scheint, sehr charakteristisches findet sich v. 24, wo dem schon damals gewöhnlichen Ausdrucke tributary (für Nebenfluß) die Beschreibung der tributpflichtigen Gottheiten entlockt ist, die unter der Herrschaft des Neptun stehen.

*) Keightley bleibt den Beweis schuldig für seine Behauptung "descry, i. e. describe, narrate. It often occurs in this sense in Spenser." Vielleicht beruht was er sagt auf einer Verwechslung mit der Spenserschen Form to discrive.

Die bildliche Sprache im Comus ist vorzugsweise dem Reiche des Lichts und Farbenglanzes entnommen. Mit Vorliebe weilt der Dichter auf dem Schmelz der Wiesen, oder schildert die klaren Wellen des Stroms und die Juwelen, welche er in seiner Tiefe birgt; er malt den lichten Saum am Gewande schwarzer Wolken, durchmißt das breite Aetherfeld und folgt dem Reigen der himmlischen Sterne. Die Welt des Lichtes strahlt uns um so heller entgegen, da ihr eine Sphäre des Dunkels, der nächtigen und unheimlichen Schatten, des alten Chaos entgegentritt. Auch das Leben des Geistes steht unter dem Einfluß dieser Mächte. Die Keuschheit kleidet sich in Sonnenstrahlen, lichte Engel schweben vom Himmel herab und die Tugend strahlt durch das Licht in ihrem Busen, während der Geist des Frevlers von der finstern Nacht seines innern Kerkers umfangen ist. Die Bilder, welche aus dieser Doppelwelt des Lichtes und der Schatten stammen, hängen nicht nur mit dem Süjet und der Scenerie des Comus auf das Innigste zusammen, sondern bezeichnen geradezu das Wesen der Miltonschen Poesie. Wir sprechen gern von dem Fluge der Phantasie, lassen den Dichter sich zum reinen Aether des Göttlichen aufschwingen. Milton's Dichterflug möchte ich mit dem weißer Tauben vergleichen, die wir oftmals im hellen Sonnenschein hoch in den Lüften kreisen sehen. Bald blenden uns ihre flimmernden Silberschwingen; dann aber, wenn ihr Flug sich wendet, treten sie in scharfen Schatten am blauen Himmel hervor, und während unser Auge eben noch diesen Schatten folgt, wandeln sie sich wieder gaukelnd in lichten Schimmer.

Berlin, Druck von R. W. Hayn.